「オルグ」の鬼

二宮 誠

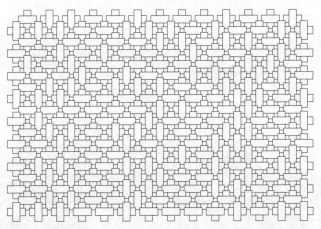

講談社+α《プラスアルファ》文庫

はじめに

「会社を辞めたいんですが、辞めさせてもらえません、どうしたらいいんでしょうか？」

東京・千代田区にある日本労働組合総連合会（連合）本部に、こんな電話が掛かってきました。四〇年以上にわたって労働運動に関わり、現在は「連合中央アドバイザー」である私が、アドバイザーとして最初に受けた電話でした。

労働者には「辞職の自由」があります。これは日本国憲法でも保障されているもので、私のような労働運動家にとってはごく当たり前の法理です。なのに、それさえ理解されていない。ショックでした。

「会社はどう言っているんですか？」と尋ねると、「会社の了解なしに辞職すると損害賠償を請求することになると言われました」。とんでもない話です。電話の主によれば、会社側に辞職の意思表示をしてから、すでに三ヵ月が経っているといいます。

しかも、会社との交渉が原因で精神的に病んでしまい、病院に通っているとのことで

さい」とアドバイスしました。

私は「即刻辞めて、未払い賃金部分・退職金相当分を内容証明郵便で請求してください」とアドバイスしました。

「不当解雇問題」「残業代の未払い問題」「パワハラ・セクハラ問題」「不当配転問題」「不利益な取り扱い」――連合には労働者たちからの悲痛な叫びが、毎日のように電話やメールで寄せられてきます。相談者の大半は、労働組合のない職場で働く人たちです。「労働組合があれば、会社もそんな無茶はしないはずだ」と思うこともしばしばです。

しかし、残念ながら、最近では労働組合のある職場からの相談も結構な割合で増えています。その内容は「労働組合に相談しても何もしてくれない」とか「労働組合も会社の人事部と同じようなことを言うだけ。どちらを向いているのかわからない」といったものが多いのです。

労働組合とは誰のための組織なのか？　組合員のほうを本当に向いているのか？　あえて言うと弱者の味方なのか、それとも強者の味方なのか？　はなはだ疑問に感じる労働組合もあります。

では、なぜそういうことになったのか。

労働組合が、その本分を忘れかけているからのような気がしてなりません。日本の労働組合は、欧米と違って企業別組合という独特な形を作っており、それ故に陥りやすい「労使関係の病魔」があります。少し専門的な話になりますが、労働組合は労働組合法によって守られています。その特徴は、憲法第二八条の労働三権（団結権、団体交渉権、団体行動権）です。それが今、形骸化しつつあります。本来の労働組合、労働運動を取り戻したい。六七歳を過ぎて年甲斐もないと笑われるかもしれませんが、改めてその一端を担《にな》わなければという思いを強くしているところです。

私が労働運動に身を投じるきっかけは、大学時代の恩師の影響ですが、無謀にも大学卒業前に、当時の全国繊維産業労働組合同盟（全繊同盟。本書では片仮名表記に統一。現・UAゼンセン）に事実上、入局しました。

ご存じない方のために、UAゼンセンと連合について、ここで簡単に説明しておきます。

UAゼンセンは、もともと繊維産業の労働組合として発足しました。繊維産業は戦後の日本経済を支える基幹産業として発展しており、その意味で当時、繊維産業の労働運動（ゼンセン同盟）が日本の労働運動を牽引《けんいん》してきたと言っても過言ではないと思います。戦後の初代日本労働組合総同盟会長の松岡駒吉氏はゼンセン同盟の初代会長でもありました。そういう伝統に支えられた組織がUAゼンセンであり、現在一六〇万人余りの組合員を擁す日本最大の産業別組織になっています。

連合は、そのUAゼンセン、自治労、自動車総連、電機連合、JAM、基幹労連、JP労組、情報労連、電力総連などが加盟（組合員六八六万人）する日本最大のナショナルセンターです。

さて、一九七二（昭和四七）年にゼンセン同盟に正式入局して以来、私はずっと労働運動の「プロ」として無我夢中で走り抜いてきました。あえて「プロ」と言ったのは、どんな世界もそうですが、やはりプロ、ノンプロ、アマチュアがあると思うからです。

労働運動にとって「アマチュア」とは、会社の仕事をしながら仕事の合間に組合活動（運動ではなく活動）をする人。「ノンプロ」は、組合の専従をしているが企業籍を有しており、一定の専従期間後にその会社に復帰する人。そして、「プロ」とは企業籍がない（もしくは、あっても復帰することはない）人のことで、まさに退路を断った運動家です。

もう随分前のことになりますが、山田精吾さんが連合の初代事務局長時代、次期リーダーとして目をかけていた若手の鷲尾悦也さん（連合三代目会長）、笹森清さん（連合四代目会長）、高木剛さん（連合五代目会長）、草野忠義さん（連合四代目事務局長）等に、よく酒の席（私自身も同席する機会がよくあった）で、「君らは労働界のトップリーダーになろうと思っていながら、なぜ企業籍を切らないのか！　帰るところや退路があっては本物の運動はできない！　だから何をするにも腹が据わらないんだ！」と、諭されていました。

腹が据わらないという言葉の裏には、およそ社会運動には賛否両論が必ずありますが、そのリスクを引き受ける覚悟があるのかという問いかけがあったと思います。出身組織や業界に気遣いしたり反対を恐れたりするあまりに、どちらとも受け取れるようなファジーな指針や主張になってしまえば、組織は必ず弱体化するとの思いが強かったのでしょう。酒が入るたびに、口癖のように言われていました。しかし、彼らがトップになるまで企業籍を切ったという話は聞きませんでした。

今でも私自身はプロの運動家（ナショナルセンターや産業別組織で労働運動をする者）とは、そうでなければ務まらないと思っています。

私はその「プロ」として、現役時代から自らに課してきたことがあります。それは常に弱者に寄り添うということです。二〇一四（平成二六）年にUAゼンセンでの現役を終え、連合本部の中央アドバイザーをお請けして約二年が経ちましたが、その思いは今も変わっていません。

現在の主な仕事は、後進の養成・教育を中心に、現役のバックアップをすることです。具体的には組合運動の専門家・オルガナイザーを育成するための講演や座学を行っています。また、前述のような労働相談を受けて、アドバイスするのも私の役割です。

今の労働組合が置かれた環境は私どもの育ってきた昭和の時代と大きく変化しており、労使の緊張感が非常に薄くなってきているような気がします。

私自身が労働運動に入った当時のことは本文の中で述べるとして、今大変気になっていることを一つ申し上げたいと思います。それは労働組合の組織率の低迷（ここ数年一七％台）です。

組織の拡大・組合作り、つまり「オルグ」は、「労働組合の本能だ」と私は思っています。そこには当然の前提として、同じ働く仲間への「思いやりの心」が根本にあります。「仲間を作り、仲間をまもり、仲間と共に闘う組織」を少しでも増やしていくことが重要なのです。

本文の多くを割くことになる「組織の拡大（組合作り・仲間作り）」に、私自身も労働運動家人生の多くをかけてきました。「組合作り」の重要なポイントは、与えられた条件に合わせて、いかに臨機応変に対応できるかということです。対象企業の業種、企業のカラー、労働組合に携《たずさ》わろうとするリーダーの個性・人間性などによって組織化の方法は変わってきます。どういう戦略を使えばより多くの仲間を集められるか、強い組織を作れるのか、まさにオルガナイザーの腕の見せどころです。

そして、常に情熱を持ち続けなければなりません。そのためには志が必要です。それがなければ、目先のことにこだわり、近視眼的運動になってしまいます。残念ながら、そういう先輩たちも見てきました。思想・哲学・志といったものがなく、ただ社会正義を叫ぶだけ（実は個利個略が発想の元になっている）。これでは強い組織は作れませんし、社会的に影響力を持つような大きな運動にはなりません。

〈夢なき者は夢を語れず、志なき者は社会正義の運動を実行する勇気を持てない〉労働運動に携わる者たちの間でよく言われることですが、この言葉は常に胆に銘じておかねばならないと思います。

本書を手にされた方に、少しでも労働運動・組合活動に興味を持っていただければ、私自身にとってそれ以上の喜びはありません。

なお本書は、資料集『二宮誠オーラル・ヒストリー』（南雲智映《なぐもちあき》・東海学園大学准教授、梅崎修・法政大学教授、島西智輝・東洋大学准教授のインタビューによる）、『労働組合のレシピ』（メディア・ミル刊）の復刻版とも言えるものであります。この二冊については、長い間、労働運動に携わらせていただいた私が、現役時代の最後に何かを後進に残さなければという思いから出版したものです。それらの本を濱口桂一郎先生（労働政策研究・研修機構労使関係部門統括研究員）が講談社の青山遊・企画部副部長

（当時）に紹介してくださり、青山氏の薦めで講談社から文庫本として出版されることになりました。改めて濱口先生、南雲先生、梅崎先生、島西先生、講談社の青山副部長、引き継いで本書編集にお力添えをいただいた同社の鈴木崇之・企画部担当部長に御礼を申し上げます。

二〇一七年二月

二宮　誠

オルグの鬼◉目次

第六章　激変する労働環境——変わっていくものと、変わらないもの

ゲスト対談　似鳥昭雄さん（株式会社ニトリホールディングス代表取締役会長）

第一章　労働運動家として生きる

「労働組合なんていらない」の言葉の裏にあるもの

「労働組合なんていらない」

私たち労働組合家は、組合員からこんな辛辣《しんらつ》な言葉を何度も投げつけられて成長してきました。私も、血気盛んな若い時には、なにくそ、少しでもいい賃金、労働条件を勝ちとって、組合なんていらないって言った人間を見返してやるぞ！　そんな思いでがむしゃらに闘っていました。かつての「労働組合なんていらない」は、労働組合に対しての期待の裏返しであり、叱咤《しった》激励の言葉であり、運動を支える大きなエネルギーだったのです。

しかし、近年における「労働組合なんていらない」という言葉には、そうした熱量を感じることができません。本当にいらないと思っている、あってもなくてもどっちでもいい、そもそも組合って何？　――そんな空虚で白けた「労働組合なんていらない」なのです。

厚生労働省の調査によれば、年々下がり続けた組合の組織率は、現在（二〇一三年度調査）一八％を切っています。実に、雇用者の五人に四人は労働組合に加入していないということになります。さらに、従業員数が一〇〇〇人を超えるような、いわゆる大企業における組合の組織率が五〇％程度あることを考えれば、労働組合に加入しているのは、一部の大企業サラリーマンだけという印象すらあるわけです。しかも、そうした大企業の労働組合でさえ、新入社員に対して行う説明会では、組合について理解してもらうのに四苦八苦してしまっている現状があります。

労働争議やストライキがほとんどなく、労働組合の動きがマスメディアで姿を見せることが少なくなった現在の日本社会においては、子どもたちが労働組合という言葉をはじめて聞くのは、学校の授業かも知れません。そして、労働組合の活動自体を身近に感じる機会がない子どもたちにとって、それは現実感に乏しいある種の歴史になってしまっているのでしょう。

そもそも教える側の先生ですら、およそ七割が教職員団体に加入していないという時代なのです。これでは、労働組合っていったい何をしているのか？　組合って何？　という人間が増えてくるのも必然と言えます。みんながその存在だけは知っているけれど、その活動や意義については知らない、リアルではない、それが現在の労働組合です。よく知らないものに期待をしたり、希望を託したりなんてことはあり得ないのですから、「労働組合なんていらない」となっても、むべなるかな、なのです。

組織率の低下は、言うまでもなく力量の低下です。労働者の権利を守るという労働組合の使命はもちろん、そのために必要となる、政治、社会への影響力が弱まっている中で、われわれ労働運動家も、労働組合も、今、その存在意義を大きく問われています。

組合組織率の低下を含め、いわゆる社会的に組合離れが起きてしまった責任は、当然われわれ労働運動家が負わねばなりません。なぜここまで組合離れが進んでしまったのか、そして、これからどのようにして労働運動を再興させ、非常に厳しい状況下に置かれている労働者を助けることができるのか。これについては、私なりの思いを本書の第六章で、あらためてお話しすることにします。

七〇年安保で荒れた大学時代、労働運動に目覚める

さて、ここからは、私が労働運動家としてどのような道を歩んできたのかについて

お話しいたします。

労働運動というものは、常にその時々の労働者に寄り添いながらも、その目的や活動は一筋の糸のように歴史を貫くものでなくてはなりません。私自身、何度も何度も壁にぶつかり、へこたれそうになった時、自分を奮い立たせてくれたのは、数多《あまた》の先輩方が本当に苦労に苦労を重ねて紡《つむ》いできた、この一筋の糸を途切れさせてはなるものか、という思いでした。

なにぶん古い話も多いので、隔世の感を禁じ得ない方も多いでしょうが、労働運動という一筋の糸を紡ぎ続けてくれるであろう後進のために、話を始めることにします。

九州・大分で生まれ育った私は、一九六八（昭和四三）年、拓殖大学への入学を機に東京へ出てきました。当時は、まさに七〇年安保の前夜、どこの大学も学内紛争で大荒れで、私も入学と同時に、その波に飲み込まれていきました。拓殖大学は、どちらかと言えば右翼系の学生が多かったのですが、私は、学生自治会に関わっていたこともあり、あえてどこのセクトにも属していなかったので、右翼、左翼、学内でさまざまな対立がある中、いろんな団体と接触できる特異なポジションにいました。

そんな日々の中で、大学では時々、いや頻繁に暴力事件、殺傷事件が起きていました。私も万一に備えて、腹にサラシを巻いて学校に行っていましたし、実際に、自治会室や学生寮で、日本刀を振り回されるといった怖い思いを何度も経験しました。それまでは、大分の田舎でのんびりと暮らしていたわけですから、えらいところに出てきてしまったと思ったものです。

大学では、専攻は経済学でしたが、そうした世相でしたから、すぐに政治にどっぷりと浸《つ》かることになりました。当時、民社党系の会合に誘われることが多くあり、私も興味のあるものには、オブザーバーとして参加しておりましたが、その壇上に立っていた学者、政治家、労働運動家などに大きな影響を受けました。

拓殖大学の竪山利忠《たてやまとしただ》教授もその一人でした。先生は、東京帝国大学在学中に、日本ではじめて学生運動（「新人会」のメンバー）を行ったという伝説の人物。これは、後に知ったのですが、全日本民間労働組合連合会（旧連合）初代会長竪山利文《としふみ》さんの実兄でした。

竪山先生は、「一番ダメな学生はノンポリだ。右でも左でもいいから、自分の考えを主張しろ！」とよく言われていました。私は後に労働運動に身を投じることになるわけですが、学生時代に、竪山先生をはじめ、民社党系の先生方の影響を強く受けたことがそのきっかけであることは間違いありません。

大学四年になると、民社党の政策審議会の元職員だった水本務先生など、民社党系の先生方から、「労働組合の産業別組織に行ったらどうか」とか、「民社党の職員になったらどうか」とか、「国会議員の秘書になったらどうか」というような声をかけていただきました。最終的には、UAゼンセンの前身である「全国繊維産業労働組合同盟（ゼンセン同盟）」にお世話になることになったわけですが、大学では政治の勉強もし、社会運動のマネごともしており、いずれは政治家になりたいという思いもありましたから、労働組合を後ろ盾にして政界に出て行く、なんてことも漠然とイメージしていたのです。

当時、ゼンセン同盟は、組合員の意識調査をする際、拓殖大学の実態調査研究会に依頼をしており、私もその研究会に参加していたので、ゼンセンとは学生時代から少なからず接点もありました。でも、今思えば、ゼンセン同盟にお世話になろうと決断した一番の理由は、当時の会長だった滝田実さんの思想に共鳴したことだったかもしれません。

これは余談になりますが、実態調査研究会のメンバーとしてゼンセンの意識調査の手伝いをしている時、自衛隊市ヶ谷駐屯地で、あの三島由紀夫の割腹自殺がありました。一九七〇（昭和四五）年一一月二五日、ちょうどその日、私も組合員から回収した意識調査用紙をゼンセンに届けるために、市ヶ谷の本部にいたのです。もちろん、ゼンセンでもその話題で持ちきりで、私が何気なく「社会現象ですね」と口にすると、一斉に「社会現象とは何事ぞ！」と〝口撃〟を受けた記憶があります。

また、一九七二（昭和四七）年の二月に起きた、連合赤軍のあさま山荘事件の際も、これは酒の席でしたが、私は性懲《しょうこ》りもなくまた「社会に問題がある……」と言ってしまい、ゼンセンの諸先輩方から「何でもかんでも社会のせいにするな！」と総攻撃を食らって、ボロクソに怒られてしまいました。そういうわけで、ゼンセンへの正式入局は一九七二年の三月でしたが、それ以前からいろいろと〝お世話〟にはなっていたのです。

労働運動の凄みに震えた千日前デパート火災事件

私が正式にゼンセン同盟に入局してから間もなく、大きな事件が起こりました。それは一九七二（昭和四七）年五月一三日に起きた、大阪・千日前デパートの火災です。七階にあったキャバレーにいた客と従業員など、死者一一八名を出した痛ましい火災でしたが、千日前デパートには、ゼンセン加盟のスーパー、ニチイ（現・イオン）が核テナントに入っていました。そして、この火災の火元こそがニチイの衣料品売り場だったのです。

火災が起きたその日、私はゼンセン本部に泊まりこんでいました。正確に言えば、私は入局以来ずっとそこに住んでいるような状況でした。当時の賃闘（春闘）のヤマ場は五月で、私たち新人は、四月の頭から約二ヵ月間、本部で泊まり待機をさせられていたのです。

ニチイ労組から一報が入った時、その日が土曜日だったということもあって、本部には私一人しかいませんでした。とにかく一刻も早く上司に報告し、判断を仰がなければと焦って電話をかけた先が宇佐美忠信会長でした。新人が会長に直接電話……。今思えば、大それた事をしてしまったものです。

結局この火災は、焼けたキャバレーの経営に暴力団が関与し、死者の中にも暴力団関係者が数十人いたことなどから、火元となったニチイは、企業存続が危ぶまれるほどの危機に直面してしまいます。この窮地を救ったのは、ゼンセン同盟副会長や大阪府支部長などを歴任された、竹内文雄さんでした。

竹内さんには数多の武勇伝があり、影響を受けた労働運動家も多かったようですが、この時も、何と暴力団組長の自宅に単身で乗り込み、差しで決着をつけてしまったのです。私も大学時代はサラシを巻いて一端《いっぱし》の武闘派を気取っていたわけですが、これはレベルが違うなと感じました。そして、怖さを感じると同時に、労働運動とはここまで腹の据わったものなのか、浮ついた気持ちではできないものだな、と心を震わせたのです。

ゼンセン同盟に入局後、私は、プロパーの養成機関でもあった組織局に配属となりました。当時の局長は、佐藤文男さんでした。佐藤さんは、通称佐藤流と言われた組織化の大家で、現在のゼンセンの形である、複合産別の基礎を作られた黄金期のオルガナイザーでした。私も、この佐藤学校で、労働運動魂を叩きこまれました。

プロパーとしての仕切りを覚えさせられたのはもちろん、地方に出した時に、どんな厳しいことがあってもへこたれずにやっていけるよう、精神的にも徹底的に鍛えていただきました。酒も飲まされました。今では信じられないでしょうが、かつては酒が飲めるというのもオルガナイザーの重要な資質だったのです。事実、酒が飲める、飲めないで、ゼンセン同盟の中で進む道が分かれていました。

当時は、毎年の春の闘争期間がおよそ二ヵ月もあり、われわれは基本的にその間泊まり込みます。夜になると先輩オルガナイザーが地方から帰って来ます。それは闘争状況の確認と情報交換のためです。それが終わると夜中の零時頃から酒盛りが始まります。毎晩が酒盛りなわけです。私は酒には自信がありましたから、先輩やOBに言われるがまま、毎晩のように酒を飲み続けました。どんぶり茶碗になみなみと注《つ》がれた酒を飲み干すと、「いい男だ!」と褒められて、調子に乗ってまた酒を飲む。闘争がようやく終わる頃、私はとうとう急性肝炎になってしまいました。

でも、あの時に佐藤さんをはじめ、経験豊富な先輩方の貴重な話がたくさん聞けたことは、私の一生の思い出であり宝です。急性肝炎なんて代償は小さなものでした。

組合作りに関しては、勉強になったのは何と言っても実践です。経営者との交渉は、硬軟をうまく織り交ぜながら行うわけですが、言うは易《やす》しで、実際にはその場その場で臨機応変に対応しなければなりません。いかにして経営者に「どうぞ、組合を作っても結構です」と言わせるか。全国規模で活動する中央オルグ(現・全国オルグ)に同行させてもらうと、それぞれの方に独特な方法、手段があるわけです。なかには、世間には口外できないような裏技を使う方もいました。そういう生《なま》のやりとりをOJT（オン・ザ・ジョブ・トレーニング）として幾つも経験しながら、少しずつ一人前になっていくのは今も昔も変わらないところです。

当時、先輩から教えられた言葉で、特に印象に残っているのは、「民事不介入」という言葉です。例えば、オルグの対象の事業所に街宣車で乗り付けてアジ演説をすると、「営業妨害だ、警察に通報する」と必ず言われます。でも、こちらは自信を持って通報したいならどうぞと。警察は民事不介入ですから、何もしてくれませんよと。組合を作って、働く皆さんを助けるために運動しているのだから、大義のために闘っているのだから、こちらは何も臆《おく》することはない、というわけです。

でも、時にはそうした衝突が小競《ぜ》り合いなどに発展してしまうこともあります。もし、そこでこちらが手を上げるようなことになれば、今度は完全な刑事事件ですから、大義も何も吹っ飛んでしまいます。ですから、先輩からは、「どんなときにも絶対に手を上に上げるな」と教えられました。たとえ殴っていなくても、手を上に上げている写真を撮られたらアウトだからと。そんなことを実践で学びながら、少しずつ私自身も本物の労働運動家になる準備をしていったのです。

組合を持たない労働者の悲哀と本音

入局した年の七月、私は福井県に異動になりました。福井県支部長だった横手文雄さんは、後に衆議院議員になりますが、当時は、いずれゼンセンを背負って立つ人物と評価されていた方でしたから、そこで勉強してこい、ということだったのでしょう。実際に、福井では横手さんの下について、労働運動の基礎を徹底的に叩きこまれました。

福井は、繊維王国と言ってもいい土地柄で、他の地域とは違ってゼンセンのシェアがとても高く、県同盟の七割の組合員をゼンセンが擁していました。まさに福井県労働界ナンバーワンの地位を築いていたのです。私が最初に任された仕事も、繊維産地の集団組織化でした。街宣車を一台あてがわれて、それに糊《のり》、ハケ、墨汁、鉄筆、ガリ版といった印刷用具一式と、藁半紙《わらばんし》、使い古した裏白のポスターを積み込んで、吉田郡の松岡町、志比堺《しいざかい》という、中小繊維会社の密集地に一人で向かいました。

目的は、当時「機屋《はたや》」と呼ばれた繊維会社の組織化です。ターゲットは三〇社ほどあったと思います。現地に入ると、木賃宿と呼ぶにふさわしい粗末な宿を借り、昼間は街宣車で労働歌を流しながら町を走り回り、夕方からは、例の器材を使って作ったビラを配りながらの戸別訪問です。もちろん名簿なんてありませんが、その地域では、ほとんどの家が機屋で働いているので苦労はしません。訪問時は、会社の経営者の問題などを聞き出すのも重要な仕事で、そこで得た情報を材料にしてまたビラを作り、今度は機屋の前でそれを配るのです。

管理職と思《おぼ》しき社員が出てきて、怒鳴られたり、ビラを丸めて顔にたたきつけられたり、胸ぐらを掴《つか》まれたりしたこともありましたが、それでも幾日も、いくつもの機屋の玄関でそれをやり続けました。そんなことを二ヵ月ほどしていると、横手さんと当時の中央オルグだった斉藤富雄さんが話し合って、「明日から動員をかける」と私に告げました。ターゲットは、地域一番の大手だったH織物。会長は、松岡町の町長を務める名士でした。

横手福井県支部長(右)と著者

「二宮、ケンカっていうのは、一番強いヤツを攻めて落とせば勝てる!」

先輩の言われた言葉に、労働組合を作るのはケンカなのか、と思いつつも、私はこれからはじまる戦いに身震いしていました。

作戦はこうです。動員した人たちとともに、まずは会社の各部署に電話をかけまくり、通常の営業ができないようにします。赤電話に十円玉を山と積んで、みんなで労働基準法違反や労働組合法違反についての抗議電話を延々とかけ続けるのです。

同時に、従業員からリサーチした、会社の問題点や経営者の悪事をポスターの裏に書き、事務所のガラス窓や公道に面した板塀《いたべい》などに隙間《すきま》なくベタベタと貼《は》っていきます。出勤、退勤時には、従業員の皆さんに説得活動も直接行いました。こうなると、会社は大混乱となって営業ができませんから、経営者側も話し合いのテーブルにつかざるを得ません。結局、ある商社が仲立ちをして、会長、社長が「和解してほしい」と、揃《そろ》ってゼンセンの福井県支部を訪れることになりました。

しかし、社長はその席で、「従業員に組合を作ったらどうかと話をしたが、彼らがそれを受け入れてくれない」と言うのです。私は、そんな事があるものか、と疑っていましたが、百戦錬磨の横手さんは、「では、従業員を食堂にすべて集めてください」とだけ静かに言いました。

全従業員が集まった食堂は、異様な雰囲気に包まれました。まずは、社長からあらためてゼンセン同盟との話し合いの経過報告、そして、「後はゼンセン同盟とみなさん自身が話し合って決めてほしい」と表明してもらい、すぐさま退室させました。その後、横手さんが従業員に労働組合が出来るとこんなにいいことがあるよ、という話をやさしくされました。

正直、こんなことで管理職をはじめ、従業員たちが納得するのか、私は大いに疑問を感じていました。最前列には、私の胸ぐらを掴んだり、ビラを顔に投げつけたりして激しく抵抗した人たちが陣取っているのです。しかし、一通り話を終えた横手さんが、「組合を作るのに賛成の方は手を挙げてください」と言うと、その最前列の人々が我先にと手を挙げるではありませんか。私は、しばらくその光景が信じられませんでした。でも、すぐに悟ったのです、彼らの本音はコレだったんだなと。

経営者ときちんと対峙《たいじ》できる労働組合が欲しかったけれども、それを直接会長、社長に言えば、不利益を被《こうむ》るに違いない、怖かったから我慢していたんだなと。もちろん、個人的には、人の胸ぐらを掴んでおいて、なんだその変わり身の早さは！　という怒りも少しはありましたが、それよりも、労働組合を持たない労働者の弱い立場、辛さを痛切に感じ、自分の仕事は、こうした弱い立場の人を救う素晴らしい仕事なんだと、あらためて感じたのです。

その後、H織物の組合結成は、その場で全員の賛成を取り付けて約一時間で終了しました。そして役員の選出、これは人気投票です。従業員間で信頼されている人を投票によって決定し、一番から順に、委員長、書記長、副委員長、会計、役員と決めていきました。規約についても、労働組合法どおり、会費についても有名企業の組合の実例を挙げて、それぞれ賛同を得て、本当にあっという間に結成大会を終了させました。我が組織ながら、ゼンセンとはすごい組織だなぁ、と感心させられました。すごい組織と言えばもう一つ、私が機屋の玄関先で胸ぐらを掴まれている時、その様子を遠くから中央オルグのメンバーがそっと見ていました。後で、なぜ助けに来てくれないのかと聞くと、「お前が殴られそうだったから、カメラを構えて待っていた」と言うのです。暴力事件になれば、仕事中でも動員者を工場に入れて、堂々と加入活動ができる。営業妨害だ何だと言われても、こちらは殴られているんだから、相手は警察を呼べないだろう、とあっけらかんと言われた時は、さすがに笑うしかありませんでした。

その後は「ケンカは一番強いヤツを攻めて落とせば勝てる！」を実感することになりました。一度、「貴様、覚悟はいいか！」と、日本刀を抜いて恫喝《どうかつ》してきた経営者に肝を冷やしたこともありましたが、最大手のH織物が落ちたことで、以下の機屋も五月雨《さみだれ》式に次々と組合を作ることに同意していったのです。ちなみに、この日本刀を抜いてきた経営者は、よく話してみれば我が母校拓殖大学の先輩で、最後には、「後輩のお前の顔に免じてうちに組合を作っていい」と言っていただき、危うく難を逃れました。

いちばん大切なことは「犠牲者を出さない」こと

組織化の話を続けると、福井県支部には、今お話しした集団組織化とは別に、個人として課せられた組織化のノルマがありました。具体的に言えば、「自分の給料分は自分で稼げ」というものでした。組合を作ると、そこから上部団体であるゼンセンに会費（上部団体会費）が入ります。その会費が自分の一年分の給与より下回ると、怒られてしまうのです。おそらく、福井に限らずどこでも似たようなノルマがあったと思いますが、私たち若手はみんなで競いあうようにして、新しい組合を立ち上げようと必死にやっていました。

当時、私は三〇〜四〇の加盟組合を担当していましたので、通常の仕事をこなしながらの新規開拓は、時間的にも人的にも集団組織化の時のような余裕はありません。限られた時間の中で、いかにして効率よくターゲットを見つけて組織化するか。完全に自己完結型の違ったスキルが必要になるのです。

ターゲットの会社を決めたら、社長の経歴、人脈、会社内の人間地図、主要取引先はどこかなど、入念に事前調査します。そして、そこの従業員の誰が手を挙げれば、他の従業員もついてくるのか、組織化の核（リーダー）となり得るキーマンの情報も摑んで、いよいよ接触します。

接触は、そのキーマン宅に直接行きます。そして、「同じ会社で働く仲間のために、是非ともあなたに立ち上がってほしい」と切り出すのです。本人の説得に成功したら、今度は一緒に立ち上がってくれそうなメンバーを選んでもらって、共に説得して歩きます。

そうして組合立ち上げのリーダーと主要メンバーがあらかた決まると、今度はXデーを決め、一斉に対象者の退勤時や休憩時間に声をかけて結成大会を開催します。結成通知書は、その翌日会社に持参し、同時に暫定労働協約締結などについての要求書を提出し、団体交渉の申し入れを行います。

もちろん、会社は抵抗してきます。また、どんなに秘密裏に事を運んでいても、事前に経営側に密告する人間が出てくる場合も少なくありません。ただ、いずれの場合でも、あらゆる抵抗への対応策も万全に準備していますので、まず間違いなく組織化を成功させることができるのです。

組織化というと、自社の労働条件に不満を持った人が労働団体に駆け込んできて、その人をリーダーにして組合結成するケースが多いのでは、と思われる方もいるのですが、実際にはそうしたケースは稀《まれ》です。なぜなら、それをするとかなりの確率で組織化に失敗することを、私たちは経験則で知っているからです。労働団体に駆け込んできた人は、会社に居場所がなくなっていたり、蚊帳《かや》の外の状態になってしまっているなど、個人的な不満を抱えている場合が非常に多い。失礼な言い方になってしまいますが、そういう人は組織化の際のリーダーにはなり得ません。そうした個人的な理由ではなくて、従業員全員のために、大切な仲間のために、と立ち上がれるリーダーと組まなければ、私たちが目指す全従業員を加入させるような組織化はできないのです。

組織化する際にいちばん気をつかうのは、「犠牲者」を出さないことです。犠牲者、つまり、組合を作ったことで、もしくは作るのに失敗して、会社の中で立場を悪くしたり、最悪の場合は職を失ってしまう人たちのことです。全従業員の参加にこだわるのも、そうした犠牲者を出さないようにするためです。

たとえば、助けてくれと飛び込んできた人をリーダーとして、一時的な感情で組合を作ってしまうとします。その人にはリーダーの資質がありませんから、全員を巻き込むような組合を作ることはできずに、少人数の組合ができてしまいます。それではやはり会社との交渉力は小さくなってしまいますので、運動もすぐに行き詰まってしまい、結果として犠牲者を出すことになってしまうのです。経験の少ない若手オルグの中には、残念ながらこの罠《わな》に落ちてしまう人間もいるわけですが。

山田精吾さんが命を賭けて守ろうとした統一闘争

昭和三〇年代、繊維業界には「ガチャマン」、つまり、機織り機がガチャンと一回音を立てると一万円儲《もう》かるという黄金期がありました。私が福井に赴任した昭和四〇年代半ばも、「ガチャマン」の再来か、と言われるような好景気に沸《わ》いていました。まだ駆け出しだった私は、加盟組合の委員長に策を授《さず》けるといった力はなく、先輩からも「とりあえず、ストライキという言葉を覚えておけ」と言われていましたので、とにかく揉《も》めたらストライキだ！　と、そうとうやりました。世は所得倍増論の池田内閣の流れをくむ佐藤内閣、田中内閣へと続いた時代ですから、組合も賃上げ要求三〇％台は当たり前といった感じで、とにかく強気一辺倒の賃金闘争をしていたのです。

ストライキというのは、大手、中堅クラスの場合、整然と進められることがほとんどなのですが、三〇〜五〇人くらいの小さな会社だとケンカ同然なんてこともざらでした。ある中小の機屋でストライキを行った時は、ゴミ一つまで自分のモノだというようなワンマン社長で、「ストライキをやるなら会社の敷地から出て行け！」と言われました。争議協定も結んでないですから、ストライキ中、組合員が待機する場所すらない。仕方がないので、食堂を占拠してストライキを続けていると、その社長がカメラを持ち出してきて写真を撮り始め、それを止めようと怒号が飛び交う騒然とした雰囲気になりました。

後々その写真が根拠とされて組合員が不利益を被るようなことがあってはなりませんから、私は社長を捕まえてフィルムを引っぱり出して投げ捨てました。現場の組合員は、ストライキが終わればまた一緒に働くわけですから、さすがにこういった手荒なことはできません。なので、自然にわれわれがそうした役目を担《にな》うのです。時代と言えばそれまでですが、好景気の中でそんなことが日常的にありましたので、いつしか私も武闘派のレッテルを貼られ、組合員からは頼られましたが、経営者からはずいぶんと煙たがられる存在になっていました。

そんな日常が一変したのは、一九七四（昭和四九）年のオイルショックでした。翌年には、鐘紡労組（カネボウ、現・クラシエの労働組合）のゼンセン同盟除名問題も起き、労働界も大混乱となりました。鐘紡労組の問題は、賃上げ交渉の過程で、鐘紡労組のM組合長が本部・部会（中央闘争委員会）の許可なく会社提案の賃上げ凍結を認めたのが発端となったわけですが、鐘紡のそれぞれの支部は、あまり事情を聞かされていませんでした。当然、その支部と付き合いをしている県支部にとっても、寝耳に水の出来事だったのです。

私がいた福井の場合は、すぐに鐘紡北陸合織支部に事情聴取に入り、民主化闘争委員会が立ち上がっていましたので、抗議行動を行う旨、通告しました。鐘紡北陸合織支部は、そうした大混乱の中でも非常に冷静な対応をみせたので、大人の組合だな、と私は妙に感心していましたが、鐘紡労組本部と支部では、明らかな温度差があることは肌で感じました。

しかし、そのとき私は、事の重大さにはまだ気がついていなかったのです。その直後、私を含めた若手十数人が全国から大阪に集められ、当時のゼンセン同盟本部書記長・山田精吾さんから、「俺に命を預けろ」との話があり、さすがの私もこれはただごとではないと悟《さと》りました。私は単純ですから、山田書記長の問いに「はい、結構です！」と即答したのですが、おそらくそこに集まった者の半数ぐらいは答えに窮《きゅう》していました。

その日は、夜を徹して山田書記長の労働講座に耳を傾《かたむ》けました。「統一闘争は産別（産業別労組）の命綱である。特に、統一賃金は産別の大きな使命であり、同一業種全国横断賃金を目指す最大の闘いである。そのために産別は存在していると言っていいくらいだ」と、鐘紡労組除名問題の意味、民主化闘争の意義といったものを教えていただきました。そして、私たちは、山田さんの思いを心に刻み、本当の意味で命を預けてこの闘いに臨んだのです。

その後、鐘紡労組は、当時の民社党党首の春日一幸さんなどが間に入り、彼らの詫《わ》びをもってゼンセンに復帰することで決着しました。ちなみに現在のカネボウ労組は、UAゼンセンの模範的なリーダー組合となっています。

「とりあえず金目のモノをすべて運び出せ」

ゼンセンには、昔からオルグの教育におけるセオリーのようなものがありました。最初は、青年・婦人、レクリエーション、文化活動の担当になり、リーダーシップの訓練を受け、それから専門分野の教育・情宣（情報宣伝）、労働条件、組織、政治というような段階を経て、一人前になっていくのです。私の福井時代は、市内に三年、奥越《おくえつ》地区事務所に五年と、あしかけ八年に及びましたが、その間にほぼそれらの分野を一巡させていただきました。福井は私を一人前の労働運動家に成長させてくれた地というわけです。

特に、奥越地区事務所での五年間は、たった一人で何でもやらなければならなかったので、私の長い労働運動人生において最も勉強になった貴重な時間でした。

　奥越地区は、冬場は積雪が二メートルほどになる豪雪地域でした。地区事務所の建物は築五〇年、冬場は隙間から雪が入り込むというボロボロの事務所で、居間や寝室にも雪が吹き込むので、朝起きたらまずはそれを掻《か》き出すのが日課でした。当然、車も一晩で雪に埋もれています。雪の中からまさに車を掘り出し、公道までの道を作り、やっとのことで出かける。これも毎朝の日課でした。

　さて、そんな奥越地区事務所で、厳しいながらも充実した日々を過ごしていましたが、オイルショックを境に、それまでにない出来事が起こり始めました。合理化・倒産の嵐です。

　奥越地区事務所に着任後、二ヵ月ほどたった頃でした、朝の五時に誰かが事務所の扉を叩く音で起こされました。玄関に行ってみると、I機業の組合員十数人が事務所の玄関に立ちすくんでいました。事情を聞くと、「出社してみたら会社がもぬけの殻になっている」と言うのです。敷地内にあった社長宅ももぬけの殻だと。夜逃げです。

　私は、支部長の横手さんに電話をし、I機業へと急ぎました。横手さんからの指示は、「とりあえず金目のモノをすべて運び出せ」というもので、すぐさま四トントラックを用意して、指示どおり金目のモノをすべて持ち出し、廃校になった小学校に隠しました。

始業時間となり、組合員全員を集めて、もぬけの殻となった工場で報告集会を開いていると、程なくしてヤクザが乱入してきて、「貴様ら、金目のモノはどこにやった！」とわめきちらすという事態になりました。経営が危うくなった会社は、最終的に融通手形を乱発していて、それが回りまわって、今彼らの手にあるのです。どうせタダ同然で手に入れたものでしょうが、「どうしてくれるんだ」と、ドス（小刀）を突きつけて威嚇してくるのです。

こちらも、組合員の生活がかかっていますから、持ち出した金目のモノを渡すわけにはいきません。幸いなことに、その時は誰も怪我《けが》をせずにヤクザを退散させることができましたが、最後に私のところに一人のヤクザが来て、「お前が指示したんだな。お前の家族をみんな殺してやる」と啖呵《たんか》を切って帰りました。当時の私はまだ独身で、殺される家族もなかったですから、まさに怖いものなしだったのですが。

実はその後も大変でした。金目のモノを運び出したのはいいのですが、それらはもちろん銀行の抵当に入っています。組合員に分配する退職金の額は、それをきちんと換金できるかで変わってきてしまいますので、今度は銀行と交渉しなければなりません。有り体《あてい》に言えば、どれくらい銀行に泣いてもらうかということです。でも、銀行も商売ですから二束三文の金額しか提示してくれません。これでは、二〇年以上も勤めていた組合員たちに雀《すずめ》の涙ほどの退職金も出すことができない、ということで、仕方なく実力行使に出ることにしました。

七〇名いたI機業の組合員を全員動員して、銀行の窓口で一人一〇円で一斉に通帳を作らせたのです。すぐに頭取が飛んできて、「こんなことは違法だ」と叫んでいましたが、しばらくすると観念して、今一度話し合いをすることになりました。結果として、一人平均七八万円の退職金を支払うことができ、組合員の皆さんはとても喜んでくれました。

今考えると二〇年働いてそんなものか、と思ってしまうのですが、下手をすれば一円ももらえなかったかもしれないのに、七八万円の退職金をいただけたのだから、と、本当に感謝されて、奥越地区事務所にはしばらくの間、野菜などの差し入れが一人では食べきれないほど届いたものです。

ないオイルショックを境に、景気が悪くなり、倒産、夜逃げ、使い込みなど、今までにない事件が次々と起きましたが、こうした問題が起きた時に、いかにして組合員を守るのか、冷静に、そして大胆に行動できるのか、それが労働運動家としての技量というものだと思います。

こんな言い方は不謹慎なのですが、合理化や倒産は、この運動で一番勉強になる仕事なのです。今と違って、当時は本部や部会の担当者を入れずに、自分一人で一任を取り付け、すべての責任を一人で背負ってやり遂《と》げることが当たり前でした。なので、無事に一つの仕事をやり終えた時の達成感や自信は、筆舌に尽くしがたいものなのです。

私がはじめて会社更生法の適用問題を体験した、東洋染工のケースもまさにそうした勉強になる仕事でした。旧経営陣、管理人、管財人、弁護士、裁判官、債権者、そして、組合員と、これほどいろんな人間と話し合いや団体交渉をしたことはありませんでしたし、協定書、覚書、上申書など、一つの事件でこれほどいろんな書類を作ったこともはじめてでした。ゼンセンの事例集を読み漁《あさ》り、山陽特殊製鋼事件などの文献も参考にして、何とかはじめての会社更生法のケースを、「犠牲者」ゼロでまとめ上げることができました。

さらに、この闘いが結果として組合の団結を高めることになり、更生中に組合長を町議会議員に立候補させ上位当選を果たすなど、地域に根を張った運動ができる組合へと成長させることができたのは、私自身にとっても大きな収穫でした。そこには、ただの武闘派から、労働運動家として一皮剝《む》けた自分がいたのです。

福井を後にする頃には、運動で出会った会社社長から「今の給料の三倍出すから子会社で社長をやらないか？」とか、「選挙に出てみないか？」なんて話までいただけるようになっていました。社長の話はともかく、政治家は学生時代の夢でしたし、もともとゼンセンにお世話になったのも、ゆくゆくは政治の世界に、という気持ちがあったのでとても光栄でしたが、入局して八年、すっかり労働運動の世界に魅《み》せられてしまい、どんどん面白くなっていましたから、自分自身が政治の世界に出て行こうとは考えられませんでした。

第二章 ゼンセン最後の〝バンカラ〟

第二次オイルショックの傷癒えぬ愛知で現場を仕切る

福井で非常に濃密な八年間を経験した私は、次に、愛知県支部へと異動になりました。ゼンセンは、いろんな場所で経験を積ませることで運動家を育てていくという方針でしたから、おおよそ六年から八年くらいで、定期異動となるのが普通だったのです。

いろんな場所というのは、それぞれの地域の社会環境、労働環境を勉強するということももちろんですが、いろんな人の下について学ばせる、という意味合いもあったと思います。偏《かたよ》ったものの見方や考え方をさせないために、いろんなタイプの先輩、上司の下で研鑽《けんさん》を積ませるという方針だったのでしょう。

当時、繊維業の強かった愛知と大阪は、ゼンセンの二大勢力圏と言われていて、愛知は都道府県の支部長を、大阪は本部の役員を育てるところとされていました。愛知県支部の支部長は、朝見清道さんという方でした。

朝見さんは、愛知県支部の初代の支部長で、ゼンセン同盟の草創期の頃から愛知県で労働運動に携《たずさ》わり、私も含め数多くの支部長を育てた方です。福井で大変お世話になった横手さんも愛知で育った方でした。

愛知は中堅企業が多かったのですが、当時で五万人強の組合員がいたと思います。ゼンセン全体からすると、大阪とほぼ同数の一割強。朝見さんの口癖は、「愛知は、選挙にしても、組織化にしても、すべてにおいて一割以上の役割、責任を果たさなければならない」でした。

朝見さんは、私がそれまでに出会ってきた、押しの強い武闘派タイプの労働運動家とはまったく違った方でした。ルールに厳格で、「人の上に立つ人間はこうあらねばならない」という確固たる信念を持って教育にあたる、運動家というよりも厳しい指導者といった印象の方だったのです。

朝見さんは、私にも聖人君子であることを求めましたが、私はもともとそれと対極にいる人間ですし、愛知に異動になった頃は一番血気盛んな頃でしたから、若さにまかせて突っ走ってずいぶんと苦労をかけたと思います。

愛知での最初の仕事は、企業が進める合理化への対応でした。八〇年代初頭は、まだ第二次オイルショックの傷が癒《い》えていませんでしたから、中小企業の閉鎖が頻繁に行われていました。私の役目は、もちろん第一には合理化反対なわけですが、企業自体に再生する見込みのない場合には、早々に見切りをつけて、労務債権をいかに確保し、退職条件をいかに良くするかに切り替えることでした。

そもそも、紡績産業自体が、水質汚染問題などで国内での事業ができにくくなり、特に梳毛《そもう》糸《し》の洗毛等は非常に厳しい状況にありましたので、最初こそ合理化反対と声をあげますが、その実は、退職条件を少しでも良くするための反対運動だったわけです。

具体的には、組合員の再就職の斡旋《あっせん》のほか、人員整理の現場に入って、団体交渉の申し入れ、会社の経営責任の追及、労務債権の確保、退職条件の交渉と確認、さらに、危ない会社には、後で疑義が生じないように念のために公証人役場で公正証書や認証の手続きまで、何でも自分一人でやりました。

労組法第一八条をめぐる闘い

愛知県支部の常任を半年ほど務めた頃、一宮《いちのみや》地区事務所の所長の命を受け異動になりました。

　地区事務所に移っても、加盟組合の世話活動、組織化、諸闘争の指導と、基本的な仕事は変わりませんが、地域への密着度合いというものは格段に上がります。事務所には、ゼンセンの職員としては私一人ですが、そこには労連を形成しているところの組合の集まりがありますから、専従者がそれぞれ何人かずついています。当時は、染色整理労連、尾州《びしゅう》労連（糸染め［染色業］や中小の羊毛紡織企業などの労働者を組織化）、それから大手企業中心の羊毛紡織の三グループがありました。

　一宮地区事務所という名称は、活動範囲が一宮だけでなく尾張《おわり》も含んでいたことから、後に私が尾張事務所という名称に変えてしまうのですが、この事務所では、私の労働運動人生において最も大きな闘いの一つと言っても過言ではない、労組法第一八条[注1]の拡大適用に関する運動を行いました。

　どんな内容であったのかというと、糸染めの企業（組合あり四〇社、組合なし約一二〇社）の年間休日の最低限を定め、この年間休日協定を拡大適用させようというものでした。背景にあったのは、単組（個々の組合組織）間に起きていた年間休日の格差でした。一九四五（昭和二〇）年に結成された九組合と、一九七二（昭和四七）年に結成された一三組合は、すでに、九六〜一〇四日近い年間休日を取得していましたが、後発の一八組合は、わずか七〇〜八〇日しか年間休日を取れずにいたのです。さらに、悲惨だったのは未組織事業所で、年間六〇日台というありさまでした。

また、この地域の繊維、糸染めの業界は、過剰生産と加工賃のダンピングなどで、自ら企業の競争力を弱めてしまうという悪循環に陥《おち》っていました。そこで、産業全体の将来を考え、週休二日制を導入し、優秀な若手労働力を確保できるようにすること、地域全体が年間休日を増やすことによって、全企業平等に生産調整に参加させることを可能にすること、そして、抜け駆けをする企業が出ないよう、公正競争を実現させるために地域全体を適用範囲とすること、などを申し合わせて運動をスタートさせたのです。

当初は、年間休日を九〇日と考えていましたが、なかなか足並みが揃わず、最終的に八六日での申請を目指すことになりました。組織拡大を含めいろんな動きを活発化させていく中で、大きな壁が立ちはだかりました。労組法第一八条には、「同種の労働者の大部分が一の労働協約の適用を受けるに至ったときは――」との一文があるわけですが、この大部分とはどれくらいなのか、ということが議論となったのです。結果として、四分の三、七五％以上であれば大部分ということができると確認されたのですが、この時点での組織率はおよそ六八％と、まだかなりの隔《へだ》たりがありました。しかし、この組織率の壁は、知恵を絞った結果、労組法第一七条[注2]を適用することによって、何とか七四・二％まで押し上げることができるとわかりました。そして、愛知県の労働委員会にその数字を大部分と認めてもらい、愛知県地方労働委員会の定例総会（一九八二年四月一二日）で拡大適用が議決されたのです。

残念ながら、当時の関係者はすべて亡くなってしまいましたが、尾州労連の岩崎俊臣事務局長、石原邦茂事務局次長、経営側からも、糸染め後発組織の西松孝三労務委員長といった多くの皆さんに大変ご尽力いただきました。

なぜ、経営側からも協力が得られたのかと言えば、糸染めは、蒸気釜を使うなど、繊維業界でも代表的な３Ｋ職場であることに加えて、就労者の平均年齢も四〇歳を超えていました。ですから、週休二日制を導入して若年層の労働力を確保することは、会社の存続、産業の未来のためにどうしても必要だったわけです。

これは自画自賛になるかもしれませんが、この拡大適用が労働委員会で議決された事例は、一九五八（昭和三三）年の滋賀亜炭（亜炭採掘業）以来二四年ぶりのことでした。加えて、適用対象の企業数、労働者数ともに戦後最大で、社会に対する影響力は非常に大きなものであったと思います。また、現在では最低賃金法があり、都道府県の地方最低賃金や地方業種別最低賃金を決定するシステムがありますが、それはあくまで賃金に関わることのみであり、労働条件全般に関わることではありません。しかし、この労組法第一八条の拡大適用は、労働協約全般に関して適用可能なのです。その意味では、最低賃金法よりも労働運動にとって重要な意味を持っていると言えます。

組合の組織率が下がり続け、求心力低下が問題視されている日本ですが、ヨーロッパ諸国では、日本の労組法第一八条の「大部分」にあたる数値が、「過半数」や「三〇%」といった適用基準となっており、拡大適用率も、北欧・フランスは九〇%超、ドイツ、イタリア、オランダ、スペイン、デンマークなどでもおよそ七〇～九〇%となっているのです。

賃金格差、低賃金で働かざるをえない労働者が急速に増えている日本では、この問題の解決策としてすぐに出てくるのが「最低賃金を上げよう」というものです。もちろんそれも大切なことなのですが、それだけでは根本的な解決にはならないことは誰もがわかっています。もし、労組法第一八条の適用基準をヨーロッパ並みに改定できれば、これはもう劇的に労働環境は変わるのです。

でも、残念ながら今の労働界にはそうしたことを求めていく動きは見られません。それを実現できれば、本当の意味で日本に産業民主主義を定着させ、企業の公正競争、労働の公正分配に寄与することになるのですが、そうしたことに気がつく感性がないのです。労組法第一八条の拡大適用という案件は、現在の日本社会にとってそれくらい重要なものだと私は考えています。

(注1) 労働組合法第一八条(地域的の一般的拘束力)「一の地域において従業する同種の労働者の大部分が一の労働協約の適用を受けるに至ったときは、当該労働協約の当事者の双方又は一方の申立てに基づき、労働委員会の決議により、厚生労働大臣又は都道府県知事は、当該地域において従業する他の同種の労働者およびその使用者も当該労働協約の適用を受けるべきことの決定をすることができる。」

(注2) 労働組合法第一七条(一般的拘束力)「一の工場事業場に常時使用される同種の労働者の四分の三以上の数の労働者が一の労働協約の適用を受けるに至ったときは、当

該工場事業場に使用される他の同種の労働者に関しても、当該労働協約が適用されるものとする。」

武闘派・二宮の名を轟かせた尾州労連ストライキ事件

労組法第一八条の拡大適用とまさに時を同じくして、尾張地区で行われた春の賃上げ闘争は、私の愛知時代を語る上で避けては通れない思い出深い闘いとなりました。

尾州労連には、先ほどもお話ししました糸染めとは別に、中小の羊毛紡織業者のグループがありました。紳士服などを作っている会社など、二十数社からなるこのグループは、良く言えば個性派、悪く言えば何をしでかすか分からないという組織でした。この時の春闘では、同業界の大手、東洋紡、ユニチカ、日清紡などとの賃金格差解消を目論《もくろ》み、私は彼らに秘策を提案し実行しました。

その秘策とは、大手が予定していたストライキ日程よりも先にストライキを設定してしまうというものでした。慣例としては、大手が先に交渉を行い、その後に中小となるのですが、その順番ですと大手の結果を超えることができず、賃金格差の解消という目的も達成できません。そこで、ストライキの設定を大手より先にして、経営者側から良い条件を引き出そうと考えたのです。

経営者側は、「ゼンセンというところは、企業の体力も考えずに、大手よりも高率の賃金アップを要求するのか」と、烈火のごとく怒りました。大手の要求が確か八％程度だったと思いますが、尾州労連の要求は一三％でしたから怒るのも当然なわけですが、経営者側からの反発はすさまじいものでした。そうなると、私も売り言葉に買い言葉で、「労働組合の要求額やストライキの日程について経営者側が口を挟むとは何事だ。これは、不当労働行為だぞ」とやり返して、ちょっとした小競り合いが起きたことをきっかけにして、ロクに交渉することなく、その翌日の始業時からのストライキ突入を指示しました。

ただ、組合役員の中にも一部、ストライキに否定的な者もいて、そこまでする必要はないのでは、と言うのです。小さな会社が多かったですから、後々のことも考えて、あまり過激な行動を取りたくなかったのでしょうが、足並みが揃わなくては交渉も何もないわけで、私は否定派を一喝して、ストライキの準備に入りました。

結果的には、始業直前になってバタバタと各社満額回答で妥結することになり、五組合はストライキに突入したものの、その他はストライキが回避されました。しかし、その直後に、回避したうちの数社が、故意に数字をごまかしていたことが分かりました。一三％の要求は、基本給、家族手当、住宅手当、勤務地手当、交代手当という、いわゆる〝基家住勤交《きかじゅうきんこう》〟が基礎になっていたのですが、五社ほどは、基本給に対してだけ一三％アップするというごまかしをやってきたのです。私は五労組に即ストライキ突入を指示しましたが、この時も一つの組合だけがそれを拒《こば》みました。理由は先ほど述べたものと同じです。

しかし、そんなことを認めてしまったら、私も示しがつきませんから、強引にその会社の工場に入って、電源を力ずくで落としてしまいました。すると、爆弾が破裂したようなドカーンというけたたましい音がしたのです。機械が動いているのに電源を無理やり落としたものですから、仕掛け糸も一斉にバチーンと切れてしまった。その音を聞いて、すぐさま社長が飛んできて、「警察に通報するぞ」とがなりたてるので、私も近くにあった電話を手に取り一一〇番を回し、「やれるものならやってみろ」と応酬《おうしゅう》する大ゲンカになりました。結果的に、社長は折れて、基家住勤交に対しての一三％を呑《の》みました。

今思えば、やっていることはもう無茶苦茶なのですが、大手の二日前にストライキを設定することから始まったこの一連の闘いは、すべて私の独断でやっていたことでしたから、絶対に完遂しなければならなかったわけで、本当に死に物ぐるいだったのです。この一件は、同様に数字をごまかしていた他の四社にもすぐに知れ渡ったらしく、すぐに労せずしてすべての会社が基家住勤交の一三％を認めることになりました。

弱い者をどんなことをしてでも助ける「情熱」

その後、尾州労連では糸染めも大手と同じ時期にストライキを設定させて、羊毛紡織のグループ同様に満額妥結を得ました。その結果を見て慌《あわ》てたのは、染色整理労連に属する企業の経営者たちです。こちらが交渉しに出かけても、どこかに逃げてしまって捕まえることができない。実は、逃げ込んだ先というのは、事もあろうにゼンセンの愛知県支部だったのです。彼らは、支部長の朝見さんに直談判《じかだんぱん》し、二宮というとんでもないのが無茶苦茶をしているから何とかしてくれと泣きついたわけです。

すでに述べたように、一連の運動はすべて私の独断で、上にも一切報告をしていませんでした。ですから、ルールを重んじ、聖人君子であることを求めた朝見さんが、私の所業の一部始終を聞いて怒り心頭に発したことは想像に難くありません。私自身、この一件では本部からいかなる処罰が下っても仕方がないとの覚悟はありました。しかし、残された染色整理の会社もすんなりと組合の要求を受け入れ、各社満額回答で妥結することになりました。

後に、ある染色整理労連の役員に聞いたところによると、「組合の要求を呑まずにもめると、あの武闘派の二宮が出てくるから」と、とにかく私との直接対決だけは避けたほうが得策だと、経営者たちが判断したとのことでした。

まあ、本当のところはわかりませんが、当時の平均的な妥結額が六％程度であったところ、私の担当する尾張地区は一一～一三％でしたから、ゼンセンの中でも相当目立っていたことだけは確かだったと思います。

これもまた後日談で、この一件をめぐって私に懲罰を求める声が確かに上がったそうです。「二宮を県外に飛ばせ」と。でも、宇佐美会長以下、本部の幹部たちがそれを却下してくれた。それどころか、本部・部会の某所からは、あの愛知でよくぞそこまでやったという声や、二宮が溜飲《りゅういん》を下げさせてくれた、との賞賛もあったそうですから、捨てる神あれば拾う神ありだなと、しみじみ思いました。そして、さまざまな個性がひしめき合う、ゼンセンという組織の懐の広さ、深さも感じたのです。

私が入局当時お世話になった、佐藤文男さん曰《いわ》く「労働運動家として徹底して鍛えたのは、二宮くんまでだ」とのことですから、私は、ゼンセンが育てた最後のバンカラということになるかもしれません。私が師事した諸先輩方から学んだことは、実に多岐にわたるわけですが、DNAとして受け継ぐべきは、情熱という言葉に集約できると思います。

愛知時代も今振り返ってみれば、若気の至りで、後悔と反省ばかりです。でも、あの時一緒に闘った中小企業の組合員、組合役員たちは、若くて勢いだけの私を本当に頼りにしてくれました。いや、頼りにせざるを得なかった、というのが真実だったのかも知れません。

中小には組合の専従者を持つ余裕はありませんから、話をするのはいつも夜です。仕事を終えてから三々五々事務所にやって来て、毎晩のように酒を酌《く》み交わしながらいろんな話をしました。そしていつも感じていたのは、労働者というのは、本当に弱い立場にいるのだということです。事業規模が小さく、経営者と距離が近ければ近いほど、本音が言えない。こうした労働者の辛さを身をもって知り、だからこそ、どんなことをしてでも彼らの力になりたいと思ったのです。

武闘派の称号は随分前に返上した私ですが、ゼンセン最後のバンカラとして、弱い立場の労働者を助けたいという思い、情熱は、今も変わらずに燃やし続けています。

第三章　政治と労働組合 ―― 組合員を知らない労働組合

組合員は政治に関心がないのではなく、労働組合を信頼していないだけ

労働組合は、今まで「私たちの仲間を政治の世界に送り出し、労働者の声を政治に反映させよう！」と、グループ内外から候補者を立てて選挙を闘ってきました。私自身、将来、組合を後ろ盾にして、政治家を目指していたことはすでにお話ししましたが、労働組合ができた当初から、労働運動と政治はずっと密接な関係にあるわけです。しかし、

「選挙の時期になると、『お願いします』って必ず組合の人が来るけど、なぜ政治に関与するの？」

近年はこうした疑問を持つ組合員の方も増えています。ストライキが頻繁に起きていたような時代には、労働運動イコール政治だと考えている人はいたかもしれませんが、政治と組合が関係ないなんて考える人はほとんどいなかったことを考えると、労働組合と政治の関係を語る前に、組合そのものに対する理解が低くなっていることを

痛感します。

ちなみに、「なぜ政治に関与するの？」という問いに対する組合の答えは、おおよそこのようなものでしょう。

「労働組合は、労使交渉を通じて組合員の労働条件の維持・向上を目指して活動していますが、もちろんそれだけでは、組合員の幸せな暮らしは実現できません。たとえば、二〇一四年四月に消費税が八％に上がり、今後もさらなる消費増税が目論まれていますが、一企業の労使間ではそれを止めることはできません。また、税金だけに限らず、社会保障、年金、医療、教育など、私たちが生活をしていく中で欠かせないものは、すべて政治によって決められると言っても過言ではないのです。だからこそ、労働組合は、昔から労働条件の維持向上に留まらず、より良い社会を実現するために、政党に働きかけを行ったり、また、自ら候補者を擁立するなどして政治にも積極的に関与しているのです」

さて、この説明を受けて、組合員は「なるほどそうか。では、選挙には組合の応援している候補者に投票に行こう！」となるでしょうか？　残念ながら、多くの組合員はNOだと思います。

労働組合の政治的な力、組織力の低下が叫ばれて随分と時間が経《た》ちました。具体的に言えば、選挙の時に組合が推薦したり、擁立した候補者に、思うように票が入らない、ということが多くなりました。かつては、組合員数が何万人いるから、何万票は固い、なんて票読みができたわけですが、現在はまさに蓋を開けてみないとわからない、という状況なのです。

そうした状況になってしまった原因を、「政治に無関心だから」とか、「組合が政治に関与することへの理解不足」などと、あたかも組合員の側に問題があるかのごとく言う関係者がいますが、これは大きな誤りです。

組合員は、みんなわかっています。もちろん、労働組合離れが久しいわけですから、若年層を中心に、本当に「なぜ政治に関与するの？」と思われる方もいるでしょうが、大多数の組合員は、政治に無関心でもないし、組合が政治に関与することの意味も理解しています。その上で、あえて組合に協力しないのです。

その理由は明確です。労働組合が日頃、政治について何も組合員に話をしないからです。なのに、「選挙の時期になると、『お願いします』って必ず組合が来る――」というわけです。これでは、われわれの仲間だから応援しろと言われても、何でそんなことまで組合に指示されなくてはならないのか？　と反発を招いて当然なのです。

選挙の達人・小沢一郎さんが教えてくれた人心掌握術

これは、自戒の念を込めてお話をするわけですが、選挙のやり方にも大いに反省すべき点があります。労働組合は候補者を立てるにあたって人選をするわけですが、もちろん一番重要なのは、その人に志があるか否かです。

自分が一労働者として働いている中で、社会の矛盾や怒りを感じ、それを自分の手で変えてみたい、みんなが幸せに暮らせる理想的な社会を作りたい、という志がある人、夢を持っている人をみんなで応援して、政治の場に出していくのです。

しかし、現実には志よりも、さまざまな条件を勘案して、選挙に勝てる、票を獲得できる人を探して、口説《くど》き落として選挙に出てもらうというケースも少なくありません。

志があるか否か、本気なのかやらされているのか、組合員はそれを瞬時に見抜きます。選挙の時には、候補者を囲んだ集会が開かれますが、挨拶《あいさつ》を聞き、政策を聞いているうちに、志もなく、やらされ感のある候補者であれば、その場で見限ってしまうのです。

私もいろいろな選挙に携わってきましたが、集会を開けば開くほど票が逃げていってしまうような候補者もいるのです。演説の上手い下手ではなく、志があるかないかはわかってしまうものなのです。もちろん、それは候補者本人のせいではありません。そうした人間を無理に担ぎ出したわれわれ組合のせいなのです。

選挙に立つということは大変なことです。自分一人の問題ではなく、家族があれば、奥さんも子どももみんなが選挙を闘うことになります。選挙の成否は半分以上が奥さんの力などと言われますが、本当に家族は大変な思いをするのです。たとえば、選挙につきものの誹謗中傷《ひぼうちゅうしょう》にも耐えなければなりません。候補者本人のことならまだしも、時には奥さんの笑顔が足りないとか、子どもが頭を下げなかったから教育ができてないとか、もう本当に信じられないことを言う輩《やから》もいる。選挙は、それに耐えて突き進まなければなりません。だからこそ、志が大切なのです。

二〇〇五（平成一七）年九月に行われた衆院選が終盤に差し迫ったある日、滋賀県へ川端達夫候補（当時民主党幹事長）の応援に本部からの派遣責任者として入っていました。すると、当時民主党の副代表を務めていた小沢一郎さんから一本の電話が私のところに入りました。

「今、盛岡にいるのだが、すぐに東京に戻るので会ってどうしても話がしたい」とのことでした。ご存じのように、小沢さんは自民党時代から「選挙の達人」として名高い政治家です。そして、この時期、政治家から話があるといえば、選挙応援の要請以外にあり得ません。

早速、東京に帰ってきたばかりの小沢さんと会い、話を聞いてみると、案の定、苦戦をしている選挙区に力を貸してほしいということでした。具体的には、その時選挙の票読みで苦戦していた場所をいくつか挙げて、そこに直接自分が行くから、工場など、組合員が働いている現場に入れるように調整してほしいと言うのです。

すると、同席していた民主党の若手議員が、「どこか会場を押さえて、そこに組合員を集めて先生の演説会を開きましょう」と言い出しました。小沢さんは、この議員の顔を呆《あき》れた顔で眺めて、「キミは選挙を何もわかってないな。お願いする側が集まってくれなんて態度でどうするんだ」と嘆《なげ》いてみせたのです。

私は、さすがは小沢一郎、選挙を知り尽《つ》くしているな、と感心しました。実際に小沢さんは、私が話をつけた場所にすぐに飛んで行き、組合員が働く現場に単身飛び込み、一人ひとりに頭を下げて、手を握り、まさにドブ板を地でいく選挙活動を行ったのです。

信頼関係は、日頃のコミュニケーションによってのみ築ける

翻《ひるがえ》って、現在の組合の選挙に臨む姿勢はいかがなものか。人選に関する問題に加え、選んだ候補者をサポートする体制、姿勢にも大きな問題があります。選挙の時期になると、組合のメンバーは電話機に張り付いて、一日中一所懸命電話をしたりメールを打ったりしています。この光景を見るにつけ、小沢さんではありませんが、私は「選挙がわかってないなー」と思うのです。

ＩＴを活用して効率よく広報する、生産性を上げることはとても大切です。しかし、それですべての仕事をやり終えた気になっているのであれば、大きな勘違いです。候補者の志、人間性、熱量といったものを電話やメールで伝えるのは不可能なのですから。

これは選挙活動に限ったことではなく、人と人のコミュニケーションのあり方全般に関して、現在労働組合が抱えている問題でもあるのですが、やはり、人間が感情の

生き物である以上、目と目を合わせてお互いに話をしなくては得られないものがあるのはいつの時代でも同じです。

今日の労働組合は、戦後の日本の民主化の原点として作られ、もちろん、その運営も民主的に行われてきました。それがいつしか原点を忘れ、少数の幹部だけで組合の方向性を決め、組合員はそれについてくるのが当たり前だと、大いなる勘違いを始めてしまいました。

今一度言いますが、労働組合が近年政治的な力を失いつつあるのは、組合員が政治に無関心だからではありません。上から目線であれしろこうしろと指示してくる労働組合に対して、組合員がNOをつきつけたのであり、もう一度組合員目線で政治との向き合い方を考え直す必要があるのです。

とは言うものの、労働組合はこれからも政治に深く関わっていかなければなりません。現在の安倍政権の政策には、労働問題に限ってみても雇用特区問題やホワイトカラーエグゼンプション問題など、労働者のことをまったく考えていない政策が目白押しなわけです。私たちは、そうした政治の暴走にストップをかけなければなりません。そのためには、強固な組織力を持った労働組合がどうしても必要となるのです。

　では、どうすればそうした労働組合を作ることができるのか。それは、やはり日頃からのコミュニケーションによって地道に信頼関係を築くこと以外にありません。近道はないのです。そのコミュニケーションの中には、政治の話も当然含まれます。そうすれば、自然に志を持った人が立ち上がり、それを真の仲間として組合員が支えるという体制ができてくるはずです。

　現実に、民主的に運営されている労働組合は、選挙の際もものすごく強いものです。たとえあまり接点のない候補者を応援することになったとしても、日頃から密なコミュニケーションを取り、強固な信頼関係が築けているので、みんなで応援しよう！　と、すぐに団結できるのです。

　また、地方でも、地域で抱える問題を解決するため組合員が結束して、仲間から候補者を立て、見事に政治の世界に送り出したケースもあります。やはり、大切なのは日頃のコミュニケーションなのです。その機会を増やすためにも、現在の労働組合がやらなければならないことは、民主主義の原点に立ち返り、組合本来の民主的な運営を取り戻すことに他なりません。

　余談になりますが、本書でも対談をお願いした、スーパーマーケットのエコスの平富郎会長が非常に興味深い話をされました。

「若い時の〝人のために生きる〟なんて志は本当じゃない。本当に世のため人のために、って考えられるのは六〇歳を過ぎてからだよ」

私も学生時代は学生運動を通じて、そして、ゼンセンに入局してからも、労働運動家として、組合員のためにという志を持ってやってきたつもりです。でも、齢《よわい》を重ね、今、平会長の言葉に真摯《しんし》に耳を傾けてみると、やはり私欲と言いますか、自分の中から沸々と沸き起こる社会への不満や怒りを解消するために、自分のために闘ってきたのかもしれないと思えるのです。

もちろん、若い人の〝人のために生きる〟という言葉が嘘なわけではありません。ただ、多くの人は、後に若い時の自分を振り返ってみると、「人のためと言いながら、自分のためにやっていたのかも」と思えるし、六〇歳を過ぎて思う〝人のために生きる〟というものは、若い時の決意とは次元が違うということなのでしょう。

心を通わせ一つにして、わずか一七万円の費用で勝利した最初の選挙

労働組合と政治についてお話をした本章ですが、最後に、はじめて私が本格的に一

人で仕切った、思い出の選挙の話をさせていただこうと思います。

福井奥越地区事務所時代、入局四年目の一九七六（昭和五一）年、私は、大野市議会選挙を任されました。候補者は、現職一期目の市会議員杉本夏男さんという方で、大野地区織労の専従をされていました。当時、大野地区織労（一三支部組合員数約八〇〇名）は化合織織布の合同労組でした。

この選挙がなぜ私の中で思い出に残っているのかと言いますと、はじめての仕切りということももちろんありましたが、とにかくまったくお金をかけずにやりきった選挙だったからです。

政治には金がかかる、と政治家は言います。票を金で買うような違法な実弾選挙は論外ですが、まっとうに選挙活動をしていても、選挙カー、看板、ポスター、後援会カード、しおり、人件費等々、相当の費用が発生してしまうのが選挙というものなのです。この時の選挙は、自分たちでできるものはすべて自分たちでやろうと決めて、まさに手作りですべてを行いました。

金をかけない選挙はいいのですが、選挙に負けてしまったのでは元も子もありません。もちろん、本題の集票活動にも知恵を絞り、力を入れました。集票活動の基本は、やはり組合員の口コミです。

そのために、組合員全員に告示前一回、告示後一回の計三回、地区事務所に顔を出してもらうことにしました。当時の組合員の勤務時間は、一部が日勤者で、ほとんどは二交代（早出が午前五時三〇分から午後一時一五分、遅出が午後一時一五分から午後九時まで）。組合員の会社への通勤手段は、自転車か会社のマイクロバスでしたが、日勤者と早出は仕事が終了後、一三社二十数台の各社のマイクロバスに乗り、必ず地区事務所に寄ってもらいました。

地区事務所では、組合員に対し、選挙活動、つまり票を獲得するための集票活動を依頼しました。そして、友人、知人、親戚などを訪問し、杉本候補への投票依頼とその了解を取り付けるための活動を行ってもらったら、再び地区事務所に帰って来てもらい、獲得票数（名前・住所・電話等）を申告してもらうのです。実にシンプルで地道ですが、しかしこれ以上に確実な戦術はありません。でも、この戦術を成功させるためには、組合員一人ひとりの協力が必要でした。

仕事だけでも大変なところに、これだけ手間も時間もかかることをお願いできたのは、日頃から組合と組合員の間に、強い絆《きずな》、信頼関係がきちんと築けていたからにほかなりません。いや、この時は、もはや組合と組合員という構図すらなく、まさに、私たちの組合が、私たちの仲間、代弁者となる候補者を応援するのだ、という気持ちで心を一つにできたという実感がありました。

選挙の結果は、もちろん高位当選。ちなみに、この時選挙にかかった費用は、自前で用意できなかった選挙カーのスピーカー・レンタル代とガソリン代、そして、手作りのカード、しおり、ポスターの紙代など、わずか一七万円。もちろん、労務費や活動費は一切なしのボランティアだけですべてをやりきりました。

私は、この後数えきれない数の選挙に携わることになるのですが、この手作り選挙活動の経験で得た、選挙の回し方、票の取り方、戦略戦術の組み立て方のコツ等は、私の一生の財産になりました。でも、本当の財産は、仲間たちと共に汗を流し、心を通わせ、最終的に運動を大きなうねりにできたことだと思うのです。

今の労働組合に、こうした心の通った選挙活動ができているのか。残念ながら、甚《はなは》だ疑問が残ります。時代は移ろい、人々の生活スタイルも変化していく中で、選挙のやり方も変わっていくのは当然です。ＩＴも大いに活用するべきです。でも、選挙に一番大切な信頼を得るためには、心を通わせる直接的なコミュニケーションがどうしても必要だと私は思うのです。

第四章　組織化は、情報と情熱

労働運動を一生の仕事に決めさせた、山田精吾劇場

一九八三（昭和五八）年、私は支部長として鹿児島県支部へと異動となりました。愛知では武闘派（当人はそういう意識はまったくなかった）として暴走し、経営者だけでなく一部の組合からも煙たく思われていたので、若干早めの定期異動だったかもしれません。

鹿児島に移る時に、本部から私に二つのミッションが下りました。一つは、当時南九州最大のパン製造・販売会社であったイケダパン（当時は池田製菓）の組織化です。従業員数は三五〇〇名程度だったと思いますが、組織化の話をなかなか進められないでいたのです。もう一つは、組織内議員を作ることでした。鹿児島は議員が一人もいない状況だったので、何とか一人議員を作ってこい、ということでした。

イケダパンの組織化は、経営トップが強硬に反対していて困難を強いられました。しかし、人事部長がわれわれの協力者となって、社員会で労働組合についての勉強会

を開いたりして地道に下地作りを進めていたのですが、そんな矢先、会社が会社更生法を申請するという予期せぬ事態になってしまうのです。

倒産ということになれば、もちろん組合結成どころではないのですが、会社更生法でいく、ということでしたので、この機に一気に組合結成に動きました。管財人となった弁護士は組合結成に大反対でしたが、私としてはこの機を逃してしまうと、もうチャンスはないだろうと踏んで、一気に押し切って組合への加入活動をしていったわけです。

最終的には、社内で労使が揉めていたのでは会社更生法の申請にも響くという判断で、管財人サイドも認めざるを得ない状況になり、なんとか組合結成を成し遂げることができました。

組合は、結成後すぐに会社再建に動きました。裁判所に上申書を出し、債権者をまわり、何とか会社を存続させるべく奔走《ほんそう》したのです。私も、彼らとともに取引銀行を回って頭を下げ、県知事、市長、町長にも説明と協力要請をしました。イケダパンが倒産せずにすんだのは、組合のこうした一所懸命の運動が、債権者や地方自治体、そして、裁判所にも、従業員が一致団結して再建に取り組んでいるという好印象を与えたからだと思います。

ちなみに、もう一つのミッションであった、鹿児島県初の組織内議員作りも、市議を一人誕生させてノルマは達成しました。

こうして、鹿児島では支部長といえども小規模の支部でしたから、福井、愛知時代と同様に、忙しく運動を続けていたのですが、ある日、私の労働運動人生に大きな影響を与える出来事がありました。それは、山田精吾さんが突然鹿児島にやって来られたことです。当時、彼の右腕であった名井博明さん（航空同盟出身）、柏木康次さん（造船重機労連出身）もご一緒でした。

山田さんには、入局して間もなく、大阪の支部長をされている時でしたが、酒の席ではじめてお会いし、それ以来、大学の先輩後輩ということもあって何かと目をかけていただいておりました。

三人は、日本ではじめての新婚旅行と言われた、坂本龍馬とお龍の辿《たど》った道をなぞりながら、霧島の湯治場にいました。そこに、何の予告もなく私が呼ばれたのです。湯治場に着くと、そこはまさに山田精吾劇場でした。国家のあり方からはじまり、当時腐心しておられた労働戦線の統一による新ナショナルセンターについて、そして、

高千穂山をバックに左から、柏木康次さん、著者、山田精吾さん、名井博明さん

時には労働問題を離れて、生活についての諸々《もろもろ》の問題点と改革の処方についてなど、酒を酌み交わしながら夜が明けるまで、まさに山田精吾のロマンに心酔したのです。

私はその日から三日間、山田さんらの旅のお供をさせていただくことになるのですが、この素晴らしい経験を境に、真の意味で労働運動を一生の仕事にしようという決意が固まったと言っても過言ではありません。

山田さんとの思い出は、本当に印象的なことが数多いのですが、連合結成以降も、別名「夜の応接室」と呼ばれた新宿のスナック「もえぎ」に呼んでいただき、その生き様に触れました。そこには、鷲尾（悦也）さん、笹森（清）さん、高木（剛）さん、草野（忠義）さんなど、後に連合を背負って立つ錚々《そうそう》たるメンバーが顔を揃えていましたが、山田さんは、時として「誰のための運動か！」と厳しい言葉を放ちながらも、「つべこべと理屈を言う前に、顔合わせ、心合わせだ。その上で力合わせだ」と、諭《さと》すように指導されていました。

全国オルグ二年目、自己完結スタイルで年間一一企業の組織化を達成

一九八八（昭和六三）年、私はゼンセン本部に戻り、全国オルグとなりました。全国オルグというのは、その名のとおり、全国規模で活動にあたるオルガナイザーのこと。それまでの私は、地域を限定して活動にあたる「地方オルグ」でした。

当時、組織局長は三ッ木宣武さんで、山田さんの直轄で勉強されてきた方でしたので、その能力と感性はすごいものを持っていました。加えてゼンセンの局長というネームバリュー、人脈によって、業界やさまざまなところにその影響力を発揮していたのです。

翻って私は、自分自身でコツコツと人脈を作り、自分で話をつけて、自分でいろんなものを作り上げていくという、自己完結のスタイルを貫いていました。もちろん要所では本部への報告もしていましたが、ケンカも自分で火をつけ、自分で消すという

スタンスでしたから、三ッ木さんとはまったく違うタイプだったのですが、なぜか（珍しく）競争心を持っていました。

そんなこともあってか、全国オルグとなった二年目は、北陸の流通業を中心に一一企業の組織化を達成しました。第一章でもお話をしましたが、私の組織化のやり方は、まず発起人と核になるメンバーを確定します。そして、普通は発起人会を三回、その後、準備会を五回開きますので、都合八回の会合を持ちます。

その間も会合を開催するための根回しや下打ち合わせが必要になりますから、相当な時間と労力が必要になるわけです。もちろん、その打ち合わせや会合は先方が仕事を終えてからになりますから、たいがいは夜八時以降ということになります。これを一一組合分やるのですから、ほぼ毎晩、どこかで発起人会、準備会をやっていたわけです。また、それと平行して新規組織拡大に向けての「種まき活動」も行っており、我ながらよくやったものだと思います。

ちなみに、「種まき活動」とは、加盟組合や企業などの人脈を通じて、ターゲット企業の従業員に接触することや、直接企業訪問して労務担当役員と面談したりすることで組織化の切り口を探すことです。これにしても、空振りするのが当たり前なわけで、相当な体力、そして、根性を強いられるのがオルグ活動というものなのです。

オルグに必要なものは、体力と根性に加えて情報です。この精度が低くては、体力と根性がいくらあっても足りません。私のように自分で種をまいて自分で刈る人間であればなおさらです。情報という面では、今まで培《つちか》った自分の人脈だけでなく、県の支部、信頼関係のある支部長や常任と連携をとって、より精度の高い情報を得るようにしました。精度の高い情報を得ることは、組織化の成否に大きく関わる、生命線と言ってもいいのです。

また、オルグには、そうして得た情報、知り合った業界団体の有力者たちなどを自身の人脈としていくことが求められます。要するに、身内にしても外の人にしても、自分というものを理解して協力してくれる、信頼関係の上に成り立っている人脈をいかにたくさん持っているかが、優秀なオルグの条件というわけです。


企業訪問の極意は、背伸びせず、尊敬する気持ちを伝えること

北陸担当を二年務めた後は、東海の担当となりました。ただ、ちょうどその頃、組織局長が菅井義夫さん（後の中央労福協事務局長）になり、全国オルグのメンバーが減ったこともあって、実質的には、関東、北陸、東海を勝手に自分のテリトリーとしていました。もっと言ってしまえば三年目以降は、全国どこでもフリーで活動するようになっていました。

この頃になると、組織化に関しては、諸先輩方から学んだ組織化の基本に加えて、自分の経験や思いを反映させた独自の型を作るようになっていました。

その一つが、訪問地域に関する情報を事前に入手するということです。私は、どこの地域に行っても基本的に外様《とざま》ですから、相手は何をされるのかと警戒心を抱いていますます。そこで、まずは尊敬の念を持ってこの地を訪れていると表明するために、その地域の歴史、風土、人物などを一通り勉強します。目的は、相手の警戒心を解くことなのですから、これは本当に一通りでいいのです。そして、実際に現地に早めに入って、名所旧跡などに足を運んでみます。すると、その付け焼き刃の知識に加えて、自分なりに感じたことを相手に伝えることができるわけです。相手もそこまでされれば、少なくとも無下《むげ》に追い返すわけにもいかなくなります。

逆に、やってはいけないことは、新聞や業界紙などで仕入れたにわか知識をひけらかして、業界通をアピールするようなことです。相手は、企業経営者ですから、そんな浅い知識で太刀打ちできるわけもなく、逆に不快感、不信感を持たれてしまいます。背伸びをして「デキる男」に見られようとするのは愚の骨頂。下手にデキる、なんて思われたら逆に構えられてしまうものなのです。

組織化に関しての情報は、地元の組合関係者を通じてできるだけ生の情報を仕入れるようにします。ただ、残念なことに、企業別組合というところはあまり自社以外の情報を持っていません。ですから、いかに自分自身がいい人脈を持っているか、というのがここでもポイントになります。

組織化の情報というのは、生鮮食品と一緒で鮮度が命。鮮度の悪い情報を仕入れてしまうと、かえってマイナスになってしまう場合もあります。企業のトップというのは、同業のトップ同士で常に情報を交換することで、鮮度のいい情報を持っています。その証拠に、一つの企業の組織化に成功すると、地域の同じ業界の他企業は、その顚末《てんまつ》を驚くほど詳しく知っているものなのです。

そして、面白いのは、組織化を派手にやればやるほど、その後攻めていく同業他社の反応が良くなることです。つまり、うちでも同じことをやられたらかなわないから、どうぞお作りください、と、最初から白旗を揚げて待っていてくれるのです。睨《にら》まれたら観念するしかない、そう思わせるのもオルグとしての力量です。

私は、今まで数多の経営者から、武闘派だとか、豪腕だとか、酷《ひど》い時には鬼なんて言われ方をしたこともありますが、実は、一番尊敬するオルガナイザーは、浄土真宗の僧「蓮如《れんにょ》」です。

蓮如は、弱者と言われる人々に「救いの手」を差し伸べて全国行脚《あんぎゃ》をし、最大の信者数を誇る組織を作り上げました。彼は、親鸞《しんらん》上人が作り上げた仏典を嚙《か》み砕き、庶民にもわかりやすく説き、そして、仏法を庶民の心の支えにしたと言います。私は宗教についてはまったくわかりませんが、彼のオルガナイザーとしての手法には、強い共感と尊敬の念を抱かずにはいられません。

私は、「組織拡大オルガナイザーの基本」(表参照)というものを作り、組織局のメンバーにも教えてきましたが、そこには、諸先輩方から教えていただいたこと、そして、成功も失敗も含めた自らの経験から学んだことに加えて、蓮如の手法のエッセンスも私なりに反映させたつもりです。

組織拡大オルガナイザーの基本

【目的】

労働組合を作る

情熱が最大の武器

【手段】

信頼関係を強める

ポイント　核づくり

ポイント　トップまでの階段の登り方

具体的には

- ○ものを売るのではなく自分自身の人間性を売る
  ★相手はその人物を見て、その産別を知る★
- ○メリット論をしっかりと持つ
  - ・一般的に
  - ・その会社にとって、そして、従業員にとって
  - ・産別のサービスは何があるのか？
- ○当該業種の情報を十分に持つ

【行動】

まず一歩、会社の門をたたく

- ○相手の土俵で相撲を取る
- ○まずは上手な聞き手に徹する
- ○相手の話の中から切り口を探す

未組織労働者に会う

注）飛び込みはダメ！
情報が会社に漏れ、その対策を講じられる

- ○できないことを約束しない
- ○夢を持たせろ
- ○自然体で行け（カッコつけるな！）
  ＊難しい言葉づかいをするな！
- ○人（経営者・仲間）を誹謗中傷するな！
  ＊どうすれば我々の思う方向に持って行くことができるかが大切

会社（経営者）に会う

- ○知ったかぶりをするな
- ○説得するな！
- ○議論するな！（勝つな！）
- ○常に紳士であれ（マナーが大切）
- ○他社の経営者、他社を誹謗中傷するな！

【準備】

- ○業界の企業情報を持つ
- ○その会社の営業戦略を調べる
- ○その会社の人間関係を調べる

紹介者を通じて

- ○会社の内情を十分調べる
- ○社内外の人脈を調べる

初動から詰めまで

情報戦略

注）アンテナを高く
あらゆる可能性に手を打つ

- ○取引先、関連会社
- ○関連企業
- ○業界団体
- ○経営者協会
- ○政治（議員）
- ○連合（友好団体）
- ○労政事務所
- ○労働委員会
- ○労働基準監督署
- ○銀行
- ○その他

鮮度のいい情報は、運動の生命線であり最大の武器である

「組織拡大オルガナイザーの基本」をベースに、組織化のポイントをいくつかお話ししたいと思います。

私は全国オルグ時代には、ターゲット（目標事業所）を常に二〇〇社持っていました。そしてそのうち、月間で少なくとも三〇社のトップクラス（取締役以上の人）と面会をしてきました。さまざまな機会にとにかく顔を出し、袖すり合うも他生《たしょう》の縁とばかりに、必ず名刺交換をさせてもらい、世間話でも何でもいいから話をしました。

ターゲット二〇〇社を持ち、その生の情報も常に持たなければならないとなれば、どうしても幅広く自分を売る必要があります。よく芸人さんがテレビや舞台などで、「顔と名前だけでも覚えてやってください」と言いますが、私たちオルグもその存在を広く知ってもらわないことには、情報を集めることができないのです。

ファーストアプローチだけでなく、どんな場合においても、鮮度のいい情報は運動の生命線、最大の武器となるものです。そしてその情報とは、人と人との信頼関係があってはじめてもたらされるものであることを肝に銘じなければなりません。

組織化を仕掛けるにあたっては、さまざまなコツとともに、タブーというものもあります。すでにお話しした、「組合に駆け込んできた人間を中心に組織化をするな」もその一つですが、関連するものとしては、「未組織の労働者に飛び込みをするな」というものがあります。

これは、考えてみれば当たり前なのですが、信頼関係のまったくない初対面の人間に、いきなり組織化の話を切り出されたら、誰でも面食らってしまいます。そして、「こんなことがあったんだけど……」と、社内の誰かに相談するのが普通です。そうなると、情報が漏《も》れてしまい、経営側が予防線を張ってうまく事を運ぶことができないわけです。情報漏洩《ろうえい》は、組織化においても致命傷です。

常套《じょうとう》手段は、紹介者を介してファーストコンタクトをとる、根回しを周到に行うということです。根回しは、もちろん県支部や加盟組合のほか、自分自身の人脈もフルに使います。情報は、いろんなところに転がっています。しかし、「常にアンテナを高く」しておかないと、それに気がつきません。また、常に組織化に向けての展開を複数パターン頭に描いておかないと、せっかく得た情報の適切な使い方ができない、ということもあるのです。

情報戦略のパターンを一つ紹介します。あるターゲットの企業を攻める時、事前にその企業のメインバンクに「組織化の攻勢をかける」と耳打ちをします。銀行は、得意先が労使間で揉めてしまうと、その間業績が悪化して、最悪の場合貸しつけた資金の回収ができないという事態にもなりかねないので、「過激なことはやめてほしい。うちがなんとか取り持つからどうか穏便に」ということになります。当然、企業側もメインバンクの話は聞かざるを得ませんから、うまく行けばほとんど抵抗することなく、組織化への道筋をつけることができるというわけです。

私たちは、こうした準備を「落とし所を作っておく」と言いますが、これがあって闘うのと、なくて闘うのではまったく戦い方が変わってきてしまうのです。情報を制し、準備を周到にして、情熱を持って短時間に効率よく組織化を完了する。それでいて、組合魂をきちんと植え付けて、機能する労働組合として一本立ちさせる、それがわれわれプロの仕事です。

ゲスト対談　株式会社エコス代表取締役会長　平富郎さん

労使が苦楽を共にして、はじめて会社の発展がある

労働組合は必要ない！　と、組合加入を拒否する従業員を社長自らが説得

二宮　私が、平会長（当時社長）に呼ばれてはじめて御社に伺ったのは、一九九〇（平成二）年のことでした。

平　今はもうなくなってしまったけど、新潟県長岡市にあったスーパーの社長に紹介してもらって電話をしたのが最初です。

二宮　長い間、労働組合の組織化に携わってきましたが、「組合を作りたいから説明に来い」と呼びつけられたのは、後にも先にも会長だけですよ（笑）。私もまだ血気盛んなころで、毎日さまざまな経営者と丁々発止やっていた中で、経営者の方から組合を作るから、という話がきたものですから、拍子抜けしたと言いますか、こんなこともあるもんなんだな、と。

平　変わった奴《やつ》もいるもんだと思ったんでしょう。

二宮　まあ、正直に言えば（笑）。それで、伺う前に、たいらや（現・エコス）についていろいろと調べてみましたら、経済紙なんかでも度々取り上げられるほど急成長しているスーパーマーケットだと。さらに、『日経流通新聞』（現『日経MJ』）だったと思いますが、店舗の一平米当たりの売上高ランキングというのがありまして、そこに並み居る大手スーパーを抑えて、トップテンにたいらやが三店舗も入っていたんですね。これはスゴイところからお声がかかったな、と思いました。

平　うちはもともと八百屋でね、スーパーにしてからもずっと家業の延長線上という感じでやってきたわけです。でも、確か二宮さんに声をかけた時は、従業員が二〇〇人くらいだったかな、その頃から、規模的に末端の従業員の気持ちを吸い上げるのがしんどくなってきたんです。それまでは、本当に従業員イコール家族で何の問題もなくやってこれたけど、これからさらに店が増え、従業員も増えていく中では、なかなか今までのようにはやっていけないだろうと感じ始めていました。そこで、同業者に相談してみたら、労働組合を作ってもらって、ちゃんと不平不満が経営者に上がってくるようにしたほうがいいよ、と教えてくれたのです。

二宮　従業員は家族だ、という経営者は結構いますけど、会長と話してみると、これは本物の家族だ、いやそれ以上だなと思いましたよ。従業員の名前、年齢、家族構成、家庭の事情まで全部把握していて、誕生日にはプレゼントを贈るし、実に細かなケアをしていた。それでも、普通の経営者というのは、組合ができるのを怖がるものですけどね。

平　怖がる経営者は、信頼関係が築けていないからでしょう。お互いが信頼しあっているなら、怖いことなんて何もないはずじゃないですか。それよりも、私が本当に怖かったのは、従業員の声やお客さまの声が経営に上がってこないこと。規模が大きくなることで、これが本当に怖かった。うちは、従業員が組合を作ったところで、経営と対立するなんてことはあり得ませんよ。だって、私は社長だけど、同時に労働組合の委員長でもあったわけだから（笑）。

二宮　本当にそうでした。それ故《ゆえ》に、あらためて労働組合を作るのが非常に難しかったんですよ。従業員の方が、組合なんて必要ないよって言って全然サインしてくれない（笑）。

平富郎さん

各店舗を回って、一所懸命加入活動をしても、一日目はたしか一〇人だけ。社長の同意書をみせて、社長も組合ができるのを歓迎しているんですよ、と言っても、こんな紙切れ嘘だと言うわけです（笑）。それでどうしようもなくって、会長に泣きついてしまいました。

平　経営者が従業員のところに行って、組合に入ってくれっていうのはさすがにおかしいよ、って二宮さんに言ったけど、誰も入ってくれないからとにかく説得してくれって言われてね。仕方なく店に行って話をしたんだけど、それでも要《い》らないって言ってた従業員がたくさんいたよね。

二宮　まさに家族ですよ。ずっと会長によくしてもらっているのに、何でいまさら労働組合が必要なのか！　と、まるっきり私は悪者扱いでしたから。やっと組合が立ち上がった後も、会長は次々に労働条件を良くしていってしまって……。

平　要求もされていないのにね（笑）。

二宮　本当ですよ、要求されてないのに週休二日にする、要求されていないのに八時間労働にする。あれでは組合の立つ瀬がない（笑）。本当にこの会社には組合が必要なかったんじゃないかと思いましたね。

平　でもね、労働条件を勝手に変えたら私も怒られたんですよ、従業員から。「勝手に休みを多くして、働く時間を減らされたら、おまんまの食い上げだ！」って。それで、今までどおりの給与を払うからって納得させたんですが、それでも最初にちゃんと給料が振り込まれるまでは、みんな心配していたらしい（笑）。

二宮　当時は、やっと大企業に週休二日が定着してきた頃で、中小にはまだまだその制度は波及していませんでしたから、ずいぶんと大胆なことをおやりになるものだと思いましたが、たいらやの店が大手を抑えてトップテンに入っているのは、こうした従業員を大切にする経営が労働へのモチベーションとなっているんだと理解できました。

八百屋時代から、従業員はずっと家族だと思ってやってきた

平　うちはいろいろやりましたよ、従業員に喜んでもらうために。苦楽を共にするって言葉があるでしょう？　私は八百屋から始めて、会社を大きくする過程ではずいぶんと従業員に苦労をかけたんです。最初は、労働条件なんて考えていられなかった。創業時はどこでもそうだと思うけど、みんながむしゃらに働いてね。それで、お客様

から喜んでもらって、やっと店を大きくして人並みの生活ができるまでになったのだから、今度は楽しいことも一緒にやらなきゃ嘘でしょ。

二宮　苦だけ強いて使い捨てる、今のブラック企業経営者に聞かせてやりたい言葉ですね。

平　そういう経営者は、それこそ怖くて労働組合を作れない人たち。苦だけを共にさせるなんてことは、人としてあっちゃいけない。儲かれば儲かっただけ労働条件をよくするのは当たり前だけど、私は、従業員もその家族も、みんなで楽しめることはないかってずっと考えてきて、実際いろいろやりましたよ。

まだ会社も小さい時に、ハワイ旅行にも行きました。一ドルが三六〇円の時代。みんなすごく喜んだけど、帰ってきて税務署に経費で申告したら、八百屋のくせにハワイ旅行なんて聞いたことない、経費としては認められないって言われた(笑)。あとは、運動会とか野球大会とか、楽しそうなものはひと通りやったね。家族も呼んでたくさん景品を用意してね。組合も「十人十色の幸せ探し」だって言うし(笑)、お金をたくさん払えばいいっていう時代じゃない。

二宮　そういうイベントは、従業員の福利厚生ってことになるんでしょうが、会長の場合、従業員を大切にするというポリシー、哲学を感じますね。

平　二宮さん、八百屋にはね、レジも金庫もないの。天井からぶら下げたザルの中にお金を放り込んで商売している。だから、本当の家族にならなくちゃやっていけない。いつも従業員に、目配り、気配り、心配りして、家族以上に大切にして、やっと安心して商売ができるわけ。スーパーになって、レジも金庫もできたけど、私の中では今でも従業員は大切な家族。それは一〇〇〇億円売り上げても変わらない。その大切な家族を守るために、二宮さんに組合を作ってもらったんだから。

二宮　なるほどそうですね。先ほど私は、要求もしていないのに労働条件をどんどん上げてくれるんだから、たいらやには組合が必要ないんじゃないか、と言いましたが、会長からしてみれば、家族である従業員の生活を守るためにも、彼らの意見を吸い上げてくれる組合が必要だったわけですね。

平氏と談笑する著者

平　私は、飲む、打つ、買う、何にもやらない。ボロ車に乗って会社の経費も全然使わな

い。二宮さんとだって何十年も付き合っているけど、会社の経費で飲んだことは一度もない。そんな社長の姿を見てれば、従業員は遠慮しちゃいますよ（笑）。遠慮するなよって言えば言うほど、言いたいことがあってもグッと呑み込んじゃう。だから組合が必要だったわけ。

二宮　実際に、どうでしたか。組合は会長の思ったように機能しましたか。

平　今日のエコスがあるのは、あの時組合を作ってもらったからだと本当に思いますよ。組合の結成を契機に労働条件もずっとよくなったし、不満があれば従業員も気兼ねなく経営に言える、声なき声を拾える体制ができた。組合を作ってもらった当時から、私の中では上場という一つの目標があって、そのためにもちゃんとした労使関係を作りたいと思っていたけど、おかげさまで上場も果たせましたからね。

二宮　その言葉は、何より嬉《うれ》しいですね。組合を作って会社がおかしくなったとか、それで従業員も不幸になったのでは申し訳ないですから。会長には、ずいぶんと同業者の組合結成にもお骨折りをいただきました。

平　組合を作って悪くなったところなんてないでしょう。ちゃんと信頼関係を築けば、お互いにメリットは大きいんですよ。

生産性向上が大命題の流通業。鍵はいかにして労使協調で取り組めるか

二宮　労使協調ってよく言いますが、こんな仕事をしているとそれが虚《むな》しく聞こえることもあるわけです。でも、組合を作るためにたいらやの店に行って、従業員の方と話をした時に、まさにそれを感じました。本当にあるんだな、と。

今、流通業はどこも厳しいわけですが、こうした時代だからこそ、労使がいかに協調して戦っていけるかが問われているような気がします。最後に、これからの流通業についてお聞きしたいと思います。

平　一〇年前になるかな、自民党の片山さつき氏が、流通のある会合の席で、「流通業界は生産性が低すぎる！」って、威勢よく私たちに講釈を垂れたわけです。その時は、業界のことを知りもしないで、何を小癪《こしゃく》な！って思ったのですが、今は本当にそのとおりだと実感しています（苦笑）。そして、生産性を高めていくためには、どうしたって労使が協調していかなければならない。

二宮　労働界でも少し前までは、生産性の向上なんて企業が考えることで、組合がなぜそれに協力しなくちゃいけないんだ、ということを公言する向きもありました。でも、今は、会長が言われるように、労使協調で取り組むべきという方向になっています。結局、生産性なんて俺たちに関係ないって言っても、その結果会社が潰れてしまったのでは雇用の確保という労働組合の使命を果たせない。

平　そうなんですね。そして、流通業の場合、この生産性を上げるというのは、一企業だけでは限界があるんですね。受注発注、メーカー、問屋、物流、いろんなものが絡んでいるので、業界全体が合理化に向かって進まないと生産性を上げることはできない。

二宮　今、流通業界は人手不足だって言われていますけど、これからますますその傾向が強くなるでしょう。これについてはいかがですか。

平　人手不足の問題は、業態間の競争でしょ。生産性の低い業態では、まともな賃金を払えない。平均が一〇〇とすれば、九〇しか払えないなら人は集められない。生産性を上げて、一〇五払える業界になれば、自然に人は集まる。単純なことです。流通、食品以外の産業は、どんどん賃金が上がっています。このままだと、流通は本当に人を集められなくなってしまう。その前に、業界全体で生産性の向上に力を合わせて取り組まなくてはならないわけです。

エコス塙店（福島県）

二宮　会長ご自身も、まだまだやらなければならないことはたくさんあるわけですね。

平　いやいや、若い世代にちゃんとやってもらわないと困りますよ。でも、話をすると弱音ばっかりで泣いている（笑）。日本人は、戦争ですべて失って、何にもない焼け野原から日本を再興したわけで、そのDNAがあるはずなのに嘆いてばかりいる。もっともっと挑戦しないとね。

二宮　おっしゃることはよくわかります。私も、日々歯がゆさを感じていますから。

平　うちの若い従業員にも言うのは、どんどん失敗しろってことです。仕事にしても、人生にしても、失敗しないと学べないことがたくさんあるから。挑戦しなければ、そりゃあ失敗しないですむ。でも、それで何のための人生なの？　って。失敗していいから全力で挑戦する、そうすれば、必ず応援団が現れるんだから。

二宮　まったく、そのとおりですね。私も今思えば、若気の至りで無茶なこともたくさんして、失敗して、たくさん怒られましたけど、それでもへこたれずにまた挑戦していると、いつしか先輩などが援軍となって現れて助けてくれたものです。今度は私自身が援軍になりたいのに、挑戦している人を探すのが大変という状況では、あまりにも寂しいですね。

平　今の話を聞いていて思い出したんだけど、二宮さんってバリバリの武闘派だったって本当？　つい最近、仲間からそういう話を聞いて驚いたんですよ。出会ってからずいぶん経つけど、ずっと物静かなジェントルマンだと思っていたから。

二宮　かつてはそう言われたこともありますが、お恥ずかしい限りです。

平　でも、そう言われてみると思い当たるフシはいろいろあるかな（笑）。いずれにしても、お互いに挑戦者を応援する立場になったわけですから、もうひと頑張りしたいですね。

二宮　もったいないお言葉ですが、私なりにもうひと頑張りするつもりです。今日は大変貴重なお話をありがとうございました。

平　こちらこそ、ありがとうございました。

第五章　人の心に寄り添う「プロの仕事」

いつも自分の信じた道を——。誰にも似てない、二宮流オルグ

組織化を含めて、私は入局からさまざまな先輩方に教えを請い、学びながら労働運動家として成長してきました。入局直後は組織局の佐藤文男さん、福井では横手文雄さん、愛知では朝見清道さん、そして、ずっと目をかけていただいた山田精吾さん。実にさまざまなタイプの運動家がいました。

その考え方や手法において、学ぶべきことが非常に多かったのは確かです。ただ、私はいい意味でも悪い意味でも、いつも自分流の考え、自分流のやり方でやりたいという思いを持っていたので、運動の手法においては特定の誰かに似ているということはありません。あえて言えば、二宮流。多くの先輩方に影響を受けながらも、その時その時で、自分が正しいと信じた方法、道を選択して今日までやってきた、と言ったら少し格好良すぎるでしょうか。

全国オルグとなって二年目、昼は経営者と交渉、夜は組合員と会合（飲食付き）と

いう生活をほぼ一年間続けた結果、私はすっかり体調を崩してしまいました。さすがに年間一一企業の組織化は多すぎると、身をもって感じ、翌年以降は年間七～八企業にセーブして、ほんの少しですが体調管理にも気をつかうようになりましたが、それでも誰よりも数多くの組織化を経験してきたと自負しています。

本章では、成功、失敗、危ない裏話も含めて、今まで私が行ってきた組織化の実例を中心にお話ししたいと思います。

忘れることができない、初代執行委員長の感動スピーチ

当たり前ですが、企業の経営者に労働組合が好きな人はあまりいません。本書の対談にもお付き合いいただいた、たいらや(現・エコス)の平さん、ダイナムの佐藤さん、ニトリの似鳥《にとり》さんなど、組織化に対してウェルカムだった人もいることはいるのですが、こうした話のわかる経営者は全体から見れば極々少数でしかありません。

岐阜の大手製菓会社だった日東あられも、徹底的に組織化に対抗してきた企業でした。あらゆる方法でアプローチをしても、そこにはことごとく会社が先手を打っていて、付け入る隙《すき》がまったくない。これは何かおかしい、と思って探りを入れてみる

と、労務担当にその地域の労働組合OBを雇い入れていたのです。こちらの打つ手はすべてお見通しのわけです。

実は、組合OBを雇って徹底抗戦の構えを見せる企業は少なくありません。しかし、組合経験があればあるほど、そうした抵抗の限界や、ここまでやられたら認めざるを得ないという引き際を知っているので、逆にくみしやすいという面もあるのです。

難攻不落とみられていた日東あられですが、あるきっかけによって事態は急展開をみせます。組合結成阻止に力を入れすぎていたわけではないでしょうが、会社の経営が行き詰まってしまい、会社更生法の申請を提出することになってしまったのです。

このケースは、前出の鹿児島時代のイケダパンですでに経験済みでしたから、もう組合OBの労務担当の出る幕はありません。とにかく管財人を捕まえて、「会社再生には労働組合結成が絶対要件だ」と迫ったわけです。もちろん、同時に社員会や経営側にも、イケダパンの例を出して、労働組合がいかに会社再建を支えたのかということを話し、説得したことは言うまでもありません。

このケースも、最終的には争議となれば会社更生法どころではなくなると管財人が判断し、労使協力体制を約束した組織化を一気に進めることになりました。印象的だったのは、この組織化で結成準備委員長を務め、結成後は執行委員長となった久保田美洋さんが、全社員を前にして行ったスピーチです。

「社員会時代に会社のチェックができずに、このような事態になってしまった。このうえは労働組合を結成して、一日も早くみんなでこの会社を元通りにしたい。私もそのために死に物ぐるいで頑張る。だから、みんなも力を貸してほしい」

久保田さんは、まさにリーダーとなる人でした。このスピーチで社員は心を一つにすることができ、組合結成、会社更生法へとスムーズに進めたのだと思います。

経営と組合は車の両輪、組合は経営のチェック機関でもある、と、よく言われるわけですが、残念ながらきちんとその機能を持っている組合はそれほど多くはありません。われわれが組織化を行う際にも、一番気をつけなくてはならないのがまさにそこで、いくら頑張って労働組合を作っても何の機能も果たさない、いわゆる御用組合では労働者を救うことはできないのです。

そこで重要なのが、経営と対等な立場で意見がきちんと言えるリーダーです。組合結成を準備していく中で、この人ならと、そのリーダーとなる人物を見極めるのもオルグの非常に大切な要件になります。

業界トップを押さえなければ、業界全体の組織化には繋がらない

「ケンカっていうのは、一番強いヤツを攻めて落とせば勝てる！」

以前、先輩から聞いたこの言葉は、大将を失った集団、組織がいかに脆《もろ》いものか、人間の心理を見事に突いた鋭い指摘でしたが、実は、組織化においても同様の鉄則があります。それは、「業界のトップを押さえなければ、業界全体の組織化には繋《つな》がらない」というものです。

どの業界にも、トップ企業、リーディングカンパニーがあります。リーディングカンパニーは、売り上げや事業規模がトップであることはもちろんですが、業界他社に与える影響力も絶大で、まさに業界をリードする存在なのです。二位以下の企業は、いつもトップの動向をうかがい、新しい動きがあればそれに遅れてなるものかとすぐに行動を起こします。

組織化についても同様で、もしトップに労働組合ができたら二位以下の企業も観念せざるを得ない。今まで未組織が常識だった業界でも、堰《せき》を切ったように組織化が始

堀川かまぼこ労働組合結成大会

まるということが起こり得るのです。

それを実感したのは、新潟の老舗蒲鉾《かまぼこ》製造会社の堀川蒲鉾（現・堀川）の組織化でした。新潟はかまぼこの製造が盛んな土地で、この堀川蒲鉾は、社長が業界の理事長を歴任するなど新潟の経済界でも重鎮として大きな影響力を持つ企業でした。

ビラまきをしつつ、経営トップに話し合いを申し入れるなど、公式非公式にやんわりと圧力をかけていった結果、経営側から「作ることは認める」という言葉を引き出すことに成功しました。経営側のＯＫを取り付けてから、従業員に組織化の話をすると非常にスムーズにいきます。

もちろん、最後まで経営者が首を縦に振らずに、先に従業員の総意を取り付けて経営に認めさせるというパターンもありますが、これは非常に難しい。経営側に弓を引くわけですから、従業員の側にも相当な勇気が必要となりますし、さらに主要メンバーともなれば、仮に組合が結成できたとしても、後々経営側から不利益を被るかもしれないという恐怖があるからです。結成後もゼンセンが全面的にバックアップして、絶対にそうした不当なことはやらせないのですが、やっぱり怖いというのが本音なのです。ですから、「経営側も労働組合に賛成していますよ」というお墨付きは、何よりの推進力となります。

堀川蒲鉾の組織化がうまくいったポイントは、いわゆる脅しをかけなかったことです。私もこの頃は、最初からイケイケで経営者と丁々発止やっていた時代を経て、少しは大人のオルグになっていましたから、組合結成後の労使間の関係も考慮して、周到な準備と根回しによって無血開城を目指すようになっていました。

堀川蒲鉾のケースでも、ビラまきなどはやりましたが、あくまでもソフトにやんわりと圧力をかけることに気をつかいました。経営者にもやはりメンツというものがありますから、ガンガン攻めこまれて白旗を揚げたということにはしたくないのです。あくまでも論理的に話をして、「組合の主張にも一理ある」と納得した、と対外的に見せること、つまり逃げ道を必ず残しておくことが交渉のコツなのです。何度も言いますが、組合結成がゴールではなくて、きちんと機能する組合になってもらわなくてはなりませんから、そうした意味でも、経営者のメンツを保つことで後の労使関係にいらぬ遺恨を残さずにすむのです。

堀川蒲鉾の組織化成功は、予想どおり同業他社はもちろん他業種にも波及効果を生みました。まさに、「業界のトップを押さえなければ、業界全体の組織化には繋がらない」のです。

労務担当役員の本音は、「組合ができてくれれば楽なのに」

組織化というと、どうしても経営トップと差しで話をして、認めろ、認めん、とやり合うというイメージがあると思います。でも、実際にはあまりそうしたケースは多くありません。組織化までのパターンを大別すると、六パターンにもなるのですが（一三七頁参照）、やはり、外堀をじわじわと攻めていき、〝領主〟に会う時には、話はほぼ決まっているというパターンが圧倒的に多いものなのです。

じわじわと攻めていく際、鍵《キー》となるのは、労務担当の役員です。彼らをいかにして味方につけるかが、これから始まる組織化の成否の分かれ目になるのです。たとえば、組合のない企業は、ベースアップに関して従業員と話し合いをせずに決めます。仮に一万円アップすると決めたとします。でも、その額に従業員が納得するかどうかは、蓋を開けてみないとわかりません。言ってみれば、労務担当者の賭《か》けなわけです。

「一万円上げれば、みんな喜んで仕事しますよ」と言って、社長から了承を得たのに、実際には従業員から不満が噴出してしまったなんてことになれば、責任を追及されるのは労務担当者なわけですから、たとえ役員であってもいつも危うい立場にいるのが彼らなのです。

ですから、労務担当者の本音は、「労働組合ができてくれれば楽なのに」なのです。組合があれば、基本的には組合と経営トップの話し合いとなって、自分は責任者ではなくなるのですから。

われわれは、そうした心理を巧みに突いて、労務担当の役員からじわじわと攻め入るわけですが、何度か会合を重ねると、当然それを経営トップにも報告をしていますから、その話の端々に「ゼンセンから一方的に攻められているのではなく、労務担当者も組合結成を是とする気持ちを持っている」ことが伝わります。

労務担当者の気持ちは組合結成に傾いているし、従業員も内心では労働組合がほしいと思っているだろう。会社の内部でも思った以上に組合を待望する気持ちが醸成《じょうせい》されてきているのでは？　と経営トップが不安に思い始めた頃を見計らって、今度はとどめの話をします。

その内容は、賃金、一時金、休日といった一般的な話ではありません。それを聞いた経営トップは、「これはもう逃げられないな」と観念せざるを得ない「情報」を出すわけです。

そして、いよいよトップ会談を申し入れます。なので、経営トップと話をする時には、ほぼ決まっているというわけです。この場合のトップとは、企業側はもちろん社長ということになりますが、組合側はゼンセンの会長が出て行くわけではなくて、案件の責任者、つまり私がトップとして話をします。面白いのは、大抵その時に経営トップは私の顔をまじまじと見ます。うちの労務担当以下、役員、従業員を取り込んでしまった二宮という男は、いったいどんな奴なんだと興味津々《しんしん》なのでしょう。

堀川蒲鉾のケースは、協力者とコンタクトを取って三ヵ月位でトップ会談、事実上の組合結成承諾まで持ち込みました。実は、このスピード感も非常に大切で、急《せ》いては事を仕損じるわけですが、逆に長すぎてもダメで、二年も三年もかかるようですと、まず無理です。労務担当者の熱が冷めてきてしまいますし、経営側もいろんな対応策を講じてきてしまうからです。

トップ会談に持ち込む間、協力者とオルグは非常に親密な関係になります。下手をすれば、自分の首が飛ぶかもしれないことをお願いするわけですから、われわれは強い信頼を得なければならないのです。最初は、人間関係作りだけに注力します。組合の名刺を持ってきているのですから、相手も用件はわかっています。でも、最初は組合の話はあえてしないのです。

業界の生情報をあらゆる人脈から仕入れて、時には、同業他社の経営者に会って貴重な話を仕入れて、それを少しずつ提供しながら、自分という人間に興味を持ってもらう。面白い男だな、もう一度会って話を聞きたいな、と思わせるのです。自分を売り込む、とよく言いますが、いかにして二宮という一人の人間に興味を抱かせるか、そして、最終的にお互いに信頼し合える人間関係を築くことができるかが、組織化における肝、最も大切なところなのです。強固な信頼関係を築いてしまえば、組合設立の話は最後の最後に切り出すだけで、間違いなく協力を得られます。

さて、ここまで組織化の話を進めてきましたから、「締め」に関しても少しお話ししておきます。経営トップのメンツを立てながら、トップ会談を終えていよいよ本格的な組合作りに入ります。組合のリーダーとなる人間を決めるのは、基本的に従業員間の人気投票によることは前に話したとおりですが、同時に発起人を三〜五名決めて、さまざまな役割を分担し、活動方針案などを作ります。

また、準備委員会を作るメンバーも選定しますが、ここから先は、説得のノウハウを授けた上で、発起人たちに任せて説得してもらうことになります。実は、この発起人会や準備委員会の段階で、情報が漏れてしまうことがあります。なので、社外で秘密裏に行うのが鉄則なのですが、それでもどこからか嗅《か》ぎつけて、「組合絶対反対！」などと言い出す輩がいるのです。ほとんどは、経営者へのいいかっこしい、いわゆる茶坊主なのですが、これが役員ともなると、土壇場で大揉めに揉めるなんてこともあるわけです。

ですから、組合結成の発表当日までは経営トップ、担当役員、準備委員会のメンバーなどには、「家族にも漏らすな」と箝口令《かんこうれい》を敷くのです。最後の最後まで組織化というのは気を抜いてはいけません、どこに落とし穴があるかわからないのですから。

「関東の暴れん坊」コジマを攻め落としたものの……

落とし穴と言えば、今でも忘れることができない事件が一つあります。それは、当時家電業界のナンバーワンだった、栃木の小島電機（現・コジマ）の組織化です。この時も、トップ企業から攻めるという鉄則に従って組織化を画策しました。店舗数が多く、従業員も散らばっているようなチェーンストアの場合は、まず核となる人物を作り、攻めていくのですが、さらに経営陣の中にも一人、協力者を作らないとなかなかうまくいきません。

この時は、コジマ各店に動員をかけて張り込み、就業時間と同時に一斉に踏み込んで、「組合を作りますので説明させてください」とやりました。もちろん、店長などが血相変えてやってきて「やめてくれ」と言うのですが、「もし力で阻止しようとすれば、不当労働行為で刑事罰になりますよ。一〇万円以下の罰金、三年以下の懲役ですよ」と告げると、だいたい引き下がってもらえます。

そんなジャブを打ちながら、当時の経営トップだった故・小島勝平さんに、「組合設立を認めてもらえないのであれば、明朝から全店でさらに運動を大規模にして続けますよ」と、交渉した結果、最終的に小島さんが「わかった」と折れてくれました。一代で日本一の家電チェーンを作り上げ、「関東の暴れん坊」と言われた小島さんの首を縦に振らせたわけです。その夜は、コジマの関係者も交えて、何度も祝杯を上げ、勝利の美酒に酔ったことは言うまでもありません。

しかし、そんな喜びを噛み締めていたのも束《つか》の間、急転直下、事態を一変させる大事件が発生してしまいます。そして、その事件を境に、小島さんはわれわれと交わした約束を反故《ほご》にし、一切面会すらしていただけなくなり、コジマの組織化は頓挫《とんざ》することになるのです。

その大事件とは、言ってみれば身内の不祥事でした。われわれが官軍よろしく、意気揚々と栃木から東京に帰ると、いつもそこにあるはずの街宣車が見当たりません。事情を聞いてみると、群馬に持って行っていると言うのです。私を含めた一同がいぶかしがっていると、程なくして一報が入りました。何とゼンセン加盟組合のある企業の社長宅にその街宣車で乗り付け、拡声器を使った〝口撃〟をしたところ、高齢だった社長のお母様が体調を崩してしまった、と言うのです。

加盟組合もあって地道に交渉を続けていたのに、この愚挙でその企業のパートタイマーの組織化が無になってしまったことはもちろんですが、さらに事態をこじれさせてしまったのは、街宣車の〝口撃〟を受けた社長の娘さんは、コジマの社長の息子さんと結婚されており、小島家の親族にあたる方だったことです。

私は、体調を崩されたお母様はもちろん、関係各位にすぐさま謝罪に回りましたが、後の祭り。コジマの組織化の話はもちろんご破算になり、それ以来、小島勝平さんには一度も面会に応じていただけませんでした。すべては水の泡です。

組織化は、最後の最後まで気を抜いてはいけない。わかってはいたのに、早々と祝杯を上げて、やはりどこか浮かれていたのでしょう、後悔してもしきれない実に苦い思い出です。

しかし、コジマも紆余《うよ》曲折を経て、二〇一二年にビックカメラのトップの仲立ちにより、会社を説得し、組合を結成するに至りました。

労働運動に「棚からぼた餅はない」を実感した痛恨のミス

続けて失敗談をもう一つ。一九九四（平成六）年に行った大和冷機の組織化は、世の中そんなうまい話はないよ、という典型的な失敗例です。まあ最後は何とか組織化することに成功しましたので、今は笑って話ができるのですが。

大和冷機は、業務用冷蔵庫の製造販売業としては業界二位の企業でした。今まで行ってきた繊維や流通とは違う分野ということもあって、闘い方に若干の迷いがあったのですが、まずは正攻法で攻めるべく、核となるキーマン探しを始めました。しかし、これがなかなかうまくいきません。

もちろん、経営側にもアプローチをかけているのですが、色よい返事は返ってきません。八方塞《ふさ》がりになっている時、工場の労働者から「本社営業は大変劣悪な条件で働いて相当不満が蓄積している」との情報がもたらされました。

私は、その情報に賭けてみることにしました。硬直した状態を打破するべく、このネタを持って人事担当役員への面会を申し込むと、何度足を運んでも居ないという返事。ついに私も堪忍袋《かんにんぶくろ》の緒が切れてしまって、「いつまで居留守を使う気だ！」と応対に出た係長に食ってかかりました。

そして、本来はこのレベルで話をするべきではないのですが、思わずその係長に組織化の話をしてしまったのです。すると、係長が「私がリーダーになります」と言い出しました。「自分の名前を出してもらえば、ほとんどの従業員は賛同してくれます」、さらに経営陣に対しても、「社長も私の話ならば聞いてくれる」と自信満々なのです。

冷静に考えれば、そんなうまい話があるわけないですし、一介の係長がそんな力を持っているはずもないのです。でも、その時の私は、冷静さを欠いてしまっていたのでしょう、その話を聞いて、「棚からぼた餅って本当にあるんだ……」とすっかり信じてしまいました。

こちらは、その係長を発起人代表として即刻必要な書類を揃えて、一斉加入活動を始めるべく準備を進めました。準備が整うと、係長は、朝礼の時間に加入活動をさせてもらいたいと、社長に直接お願いに行ったそうです。すると、社長からは「懲戒解雇ものだ！」とどやしつけられ、労務担当の取締役からも散々叱《しか》られてしまったのです。

意気消沈して私に事の顚末を報告する彼を見ながら、ああ、やってしまった、と深い後悔の念に駆られました。しかし、もうこうなったら後には引けません。バレてしまった場合の選択肢は、実力行使しかありません。係長を発起人として、全国一七〇の営業所で一斉に加入活動を行いました。当然、抵抗がありましたが、そこは例の

「不当労働行為は、一〇万円以下の罰金、三年以下の懲役ですよ！」の呪文を唱えて強引に活動を進めていきました。

ところが、結果は散々でした。誰も発起人の係長を知らず、わずか三七名の従業員のサインしか集められなかったのです。かくなる上は、トップを攻めるしかありません。でも、社長は係長から組合結成の話を聞かされて以来、会社には出社せず、自宅マンションにも帰らず、ホテルで寝泊まりをしていました。会社であれば少々手荒なことしても、労働組合活動だと突っぱねることができるのですが、舞台がホテルとなると威力業務妨害で訴えられてしまうので手が出せません。

それからしばらく社長を追いかけ、チャンスをうかがっていると、ある夜、社長が自宅マンションに帰っているとの情報が入りました。このチャンスを逃してなるものか、とマンションに急行し、社長宅に奇襲をかけました。ただ、敵もさるもので、いくら呼び鈴を鳴らしてもドアを叩いても完全に無視を決め込んでいます。電気はついており、シャワーの音がしたりと中に人がいるのは間違いなかったので、部屋の前で、「団体交渉せよ！　なぜ逃げるのか！」と派手にやっていますと、何軒かのご近所さんが何事かとドアを少し開けて確かめているようでした。夜中の一二時過ぎでしたから、本当に迷惑だったでしょうが、ヤクザの揉め事だとでも思ったのでしょう、苦情を直接言ってくる人は誰もいませんでした。

そうこうしていると、数人の警察官がやって来ました。社長が通報したのです。私はこれはチャンスだ、手間が省けると思いました。一緒にいたメンバーは警官の姿を見るなり、「逃げましょう！」と大いにビビってしまっています。このへんがプロとアマチュアの違いです。

警察は、「夜中に騒いでもらっては困る」と通り一遍の注意をしますが、こちらは静かに労働組合の名刺を出し、「われわれは団体交渉の申し入れに来ているだけで、話をしたいのに、社長が部屋から出てきてくれない」と事情を説明します。すると、今度は警察が社長宅のドアを叩き、「警察です。近所迷惑になりますから一度出てきてください」と言ってドアを開けさせてくれました。

当然、われわれは一気に部屋に入って行き、さあ話をしましょうと迫ります。社長は警察がいるからと安心してドアを開けたのでしょうが、警察というのは民事不介入ですから、せいぜい「手荒なことはしないでくださいね」という注意をするだけで、逮捕なんてことはできない。こちらはそれを百も承知なのです。

結局その時も、「ご苦労様でした。後はこちらでやりますのでお帰りください」と私が警察に告げると、「助けてください」と言う社長を置いて、「お静かに願いますよ」とだけ言い残して警察は帰りました。その後の顚末はあえて話をするまでもないでしょう。

この手の話をすると、労働組合はそこまでやっていいのか？　と批判されることがあります。もちろん暴力行為はいけません。でも、時には実力を行使してでも、労働者を守るために運動を遂行しなければならないことがあるのも事実なのです。

この大和冷機のケースでも、途中で諦めてしまったら係長はどうなりますか。三七名のサインをした従業員はどうなりますか。こうした犠牲者を出してしまうと、今後の労働運動全体にもそれが影響してしまいます。そうなれば、苦しみ、救いを待っている多くの労働者を救えなくなる。労働運動というのは、数多くの仲間を救うための社会正義の闘いなのです。

「学生の本分は仕事」で組織化したパートタイマー

組織化の新しい流れとしては、一九九一（平成三）年からはじめた、学生・外国人パートの組合員化があります。実は、それまでもゼンセンでは何度もパートタイマーを組合員化しようという話が上がってきていて、やることは決めてはいたのですが、実際に動き出したのはこの年からでした。

印象に残っているのは、居酒屋を中心とした飲食チェーン、テンアライドです。八〇〇名ほどの正社員組合はすでにありましたが、それに加えて、現場の主力として働いている、多くの学生、外国人、パートを組合員化しようと経営にアプローチをしたのです。すると、「日本人の社会人パートさんならどうぞ」という答えでした。それでも、該当者は五〇〇〜六〇〇人ほどいるのですが、こちらは先に述べた労組法の第一七条が適用される範囲、「働く人の大多数」を組合員にしようと目論んでいましたので、そこから話が進まなくなってしまいました。

そうしているうちに、外国人労働者が別の組合を立ち上げるという予期せぬ事態が起きてしまいます。要求は、労働条件・賃金の差別撤廃でした。慌てたのは会社です。すぐに正社員組合に相談を持ちかけ、それがゼンセンまで上がってきました。こちらとしては、最初に話を持ちかけた時に会社側からけんもほろろにあしらわれていますから、いまさら泣きついてきてなんだ、という気持ちも正直ありましたが、既存の組合員の不利益になることを見過ごすわけにはいきません。会社から「全部おまかせしますので、何とかお願いします」との一任を取り付け、学生・外国人を含む「働く人の大多数」の加入活動を始めました。

ただ、これが本当に大変でした。外国人労働者と一口に言っても、東南アジアを中心に、五〜六ヵ国から来日しており、その人々すべてに労働協約を明らかにする必要があるのです。日本語も英語も得意ではない人に、それを説明するのは至難の業で、結局、労働協約をそれぞれの国の言語に翻訳することになりました。日本語だとわずか数枚の労働協約が、外国語になるとその何倍もの文字量になることにも閉口しました。

加入活動も、もちろんスムーズにはいきません。日本人の場合は、リーダーとなり得る人を見定めてその人を納得させることができれば、後はみんな「彼がそう言うなら間違いないだろう」と、一斉に加入してもらえるのですが、個人主義が普通の外国人はそうはいきません。納得してもらうまで一人ひとり丁寧に、粘り強く話をしなくてはサインしてくれない。結局、一〇〇人を超える外国人に加入してもらうのに三ヵ月の時間を費やすことになりました。

また、もう一つ大きなネックとなったのは、学生パートタイマーでした。学生の本分は何か？　多くの人が学業と即答するでしょう。でも、それでは、テンアライドのケースでは、学生を組合員とすることはできなかったのです。なぜなら、労働協約に、「学業を本分とする者は、ユニオンショップによって組合員として括《くく》ることはできない」という一文があったのです。

でも、高校生、大学生のバイトが加入できないとなると、組合員数は従業員数の半分にも満たない。そこで、これはもう苦肉の策でしたが、加入署名の際に、学生たちに本分は仕事か、学業か、という一文を追加して、本分は仕事であることを確認して加入してもらったのです。

離職率が非常に高い居酒屋業界にあって、テンアライドはアルバイトの定着率が高いことでも有名ですが、組合結成がその一助になっていると思うと苦労した甲斐《かい》があったな、と嬉しくなります。

日本初のクラフトユニオンは、日本の労働界を変える壮大な挑戦

二〇〇〇（平成一二）年の日本介護クラフトユニオン（ＮＣＣＵ）の結成も、労働界の大きなトピックスと言えるでしょう。同年四月一日から介護保険法が施行されたわけですが、その前に二〇〇万人ほどもいると言われていた介護関連労働者をなんとか組織化しようと計画したのです。しかし、介護業界はそのほとんどが中小規模事業者ですから、いったいどこからどうやって手を付ければいいのか悩みに悩みました。

さらに、それらの事業者は給付金によって成り立っている企業ですから、これを他の産業のように企業別組合というわけにはいきません。企業競争という名のもとに、ダンピング競争が始まってしまえば、そのしわ寄せを被るのは、弱者である労働者なわけです。そこで日本的な企業別ではなく、欧米型のクラフトユニオン（職業別組合）で組織化していくことを決定しました。

とは言うものの、今まで日本では誰もクラフトユニオンを作った経験はないのですから、設立、運営の具体的なノウハウを持ち合わせていません。ならば本場で学ぶしか方法はない、ということで、連合を巻き込んで一九九九年一二月のはじめに渡米し、ニューヨーク、ロサンゼルスのナショナルセンターのＡＦＬ－ＣＩＯ、産業別組織（クラフトユニオン、ゼネラルユニオン）のＵＮＩＴＥ本部などの関連組織を回り、組合運営や活動のノウハウを学ぶとともに、多くの現地の方々ともディスカッションを重ねました。

アメリカで組織運営から専従オルグの手法までじっくりと見てきて感じたことは、企業別労働組合が根付いてしまった日本に、欧米型のクラフトユニオン、ゼネラルユニオンを持ち込み、浸透させようとするわれわれの試みは、壮大な実験、挑戦となるだろうということでした。そして、この試みをもし成功させることができれば、「労働組合はあるが労働運動がなくなりつつある」日本労働界の閉塞状況をぶち壊して、強い影響力を持った、労働者のための真の労働運動が展開できると確信したのです。

帰国するとすぐに組織化に着手しました。私が無理を言ってヘッドハンティングしてきた設立メンバー、陶山浩三さん（元専門店ユニオン連合会会長）、河原四良さん（ニチイ学館労働組合中央執行委員長）とは、ロマンを語り合いながら、すぐに心を合わせることができました。それでは、いざ戦闘開始！といきたかったのですが、闘うためにはもちろん軍資金が必要で、当時のゼンセン同盟書記長であった落合清四さんに「介護のクラフトユニオンを作るから五〇〇〇万円の予算をつけてほしい」とお願いしました。

その場には、落合書記長の他、副会長、財政担当副書記長も同席していましたが、反応はイマイチでした。無理もありません、日本でクラフトユニオンを展開するということがイメージできないのです。「できるかできないかもわからないものに、そんな予算はつけられない」という彼らを何とか説得して、最終的には三〇〇〇万円の予算（仮払い扱い）を認めてもらい、戦闘開始となりました。ちなみに、同じく介護業界を組織化ターゲットとしていた自治労（全日本自治団体労働組合）は数億円の資金を投入したそうです。

そこから加入活動、結成大会、そして、組合運営スタートまでのストーリーには、それだけで一冊の本が書けるほどのたくさんのエピソードがありますので本書では割愛しますが、とにかく、日本初のクラフトユニオンは、二〇〇〇年二月二七日に無事に船出しました。

ただ、なにぶんはじめてのことなので問題は山積です。社会に大きな影響力を発揮するためには、加入者の数もまだまだ拡大していかなければなりませんし、事業者に対しても労働者に対しても、クラフトユニオンというもの自体をもっと正確に知ってもらう努力を続けなければならない。もちろんそれを実現するためには、まずは労働界にいる私たち自身がレベルアップしていかなければなりません。

「会社は違えども、同じ船に乗せる」クラフトユニオンの加入、運営は、今まで培ってきた企業別のノウハウを使えないどころか、邪魔になる場合さえあるわけで、ここで私たち自身がレベルアップできるか否かが、この壮大な実験であり挑戦でもある日本初のクラフトユニオンの成否を分けると私は考えています。

今、目の前で苦しんでいる労働者を救うことができなくて何が労働運動か

二〇〇四（平成一六）年に組織化した人材サービスゼネラルユニオン（JSGU）も、NCCUのクラフトユニオン同様、欧米型のゼネラルユニオンです。NCCUの立ち上げが一段落した頃を見計らって、今度は、何とかしなければならないとずっと思いあぐねていた、派遣労働者の組織化に着手した際、ゼネラルユニオンのスタイルが一番浸透させやすいと考えたわけです。

JSGUの組織化は、正規労働者と非正規労働者の格差がますます広がっている日本社会で、本当に厳しい環境に置かれ、今、目の前で苦しんでいる人たちを救うことができなくて何が労働運動か、という強い思いで臨みました。

派遣と一口に言っても、日雇い派遣、製造業派遣、そして事務派遣などの二六業務派遣と、それぞれに抱えていた問題、事情が違っていましたが、当時新聞紙上などでも叩かれ、もっとも悲惨な環境にあった日雇い派遣から着手することにしました。日雇い派遣の最大手はあのグッドウィルでした。個人加盟方式のゼネラルユニオンですから、加盟にしてもチェックオフ（組合費を給与から天引きすること）にしてもいろいろと困難はありましたが、何とか三〇〇〇名ほどの加入を成功させ、その後、製造業、事務とターゲットを拡大していきました。

ただ、ここで予想外のことが起こりました。ご存じのように、グッドウィルが違法派遣でマスコミに叩かれ、ついには廃業してしまったのです。私は、グッドウィルの当時の会長で批判の矢面《やおもて》に立った折口雅博さんを一切擁護するつもりはありませんが、事実としてはっきりさせておきたいのは、当時、日雇い派遣でコンプライアンスを一番守っていたのはグッドウィルだったことです。

最初は、確か朝日新聞だったでしょうか、その後、読売なども追随する形になり、最後はゴシップ週刊誌にまでおもしろおかしく折口さんのスキャンダルが躍り、とうとう彼は会社を投げ出してしまいました。マスコミも行政も派遣労働者を守ると言いながら折口さんを糾弾し、廃業にまで追い込んだわけですが、その結果放り出された多くの日雇い派遣労働者はどうなったのか？ グッドウィルよりもさらに劣悪な環境で働かざるを得なくなったのです。

あの一件で派遣業界が変わったのか？ 何も変わっていません。グッドウィルよりもひどい会社がのうのうと生き延び、そこで悲惨な目にあっている労働者が、大挙してJSGUに駆け込んできたのですから。

グッドウィルの一件以来、JSGUの加入運動も、製造、サービス、一般事務へとターゲットをシフトしていきました。一時期は組合員が四万人ほどになりましたが、リーマン・ショックの影響で企業が派遣を大量に切ったために、JSGUの組合員数も一気に六割減まで落ち込んでしまったのです。

関連の話題で言えば、当時キヤノンが派遣をすべて受け入れると表明して注目を集めました。でも、正社員にしたわけではなく、みんな一年、半年の契約社員として採用して、契約満了をもってほとんどが首を切られました。あえて「ほとんど」といったのは、高い技術を持った人だけは首を切らずにそのまま確保したのです。

その他大勢の労働者は、派遣問題に乗じて安く契約社員として取り込んで、必要ない人はさっさとお払い箱にした。キヤノンだけではなく、当時大手の製造業では、みんな多かれ少なかれ同じようなことをやっていました。何のために企業が存在しているのか、このようなことが許されるのか、自らの非力を悔やむ日々でした。

労働運動家は、経済学者でもないし、評論家でもない。労働組合は、国に対してあるものでも、政府の機関でもない。ただ目の前で苦しんでいる労働者を何としても助けたい、その一念だけで労働運動というものがあるわけです。間違った働き方をさせている企業があれば、それを潰すのではなくて正して労働者を助ける、間違った政策があれば、正面からそれはおかしいと労働界全体で声を上げて労働者を救う、日本の労働界が、そんな当たり前のことができなくなりつつある現状に、私は強い危機感を感じています。

二宮流組織化戦略実践体系

①集団組織化

②非公然型組織化

A型　核作り→拡大（絶対数確保の見通しをつけるまで）→経営対策→労働協約締結

B型　核作り→拡大（失敗）→経営対策→再度核作り→拡大→労働協約締結

③中間型組織化

C型　核作り→経営対策（経営者了解・合意）→拡大→労働協約締結

④公然型組織化（米カードチェック型）

D型　経営対策→合意→核作り→拡大→労働協約締結

E型　経営対策→核作り→合意→拡大→労働協約締結

⑤過激派組合との競合による組織化

F型　経営対策→合意→核作り→拡大→労働協約締結

⑥無所属組合の産別加盟へ

G型　組合対策→合意→経営対策→合意→加盟

H型　経営対策→合意→組合対策→合意→加盟

ゲスト対談　株式会社ダイナムジャパンホールディングス取締役会議長　佐藤洋治さん

明確なビジョンを示すことで、世の中はきっと変えていける

パチンコ業界初の労働組合誕生で、激変した社会の目

二宮　私が今でも忘れることができないのは、一九九八（平成一〇）年の労働組合結成式典です。あれは本当に盛大にやりましたね。テレビ、新聞、雑誌などのマスメディアが大挙して押しかけて、その注目度の高さにあらためて驚いたものです。「パチンコが変わった！」と、新聞にも活字が躍りましたが、業界初の労働組合結成のインパクトは大きかったですね。

佐藤　確かに、組合結成をきっかけにして、パチンコ業界に向けられる世間の目は大きく変わりました。それを直接的に実感したのは、組合結成の翌年から、新卒社員のリクルーティングが非常にスムーズに行えるようになったからです。当社は、一九八九（平成元）年に大卒社員の採用を始めていましたが、実は、内定を出しても土壇場で辞退する学生が少なくありませんでした。その一番の理由は、親御さんからストッ

プをかけられてしまっていたからです。

二宮　つまり、学生がダイナムというパチンコの会社に内定をもらって、来春から就職すると親に報告したら、パチンコなんてとんでもない、というわけですね。

佐藤　そのとおりです。ですが、組合結成が大々的に報道されたおかげで、今までパチンコ業界に抵抗感を抱いていた親御さんたちにも変化が現れたのです。

二宮　労働組合があるような会社なら信用できると。

佐藤　学生の親御さんたちも社会に出て働いて、組合員であった人も多いですから、組合に対する信頼感というものがあります。組合があるなら子どもを預けても大丈夫だろう、そんな風に考えていただけるようになったわけです。組合を作ってもらうことで、社会的なステータスが上がることはある程度予測していましたが、リクルーティングにおいてこれほど効果が出るというのは驚きました。

二宮　当時社長だった佐藤さんとは、労働組合結成の際にはじめてお会いしたわけですが、その時にとても印象に残っているのは、ダイナムという一企業だけでなく、業界全体の健全化というものをこれから目指していく中で、労働組合は必要なんだとおっしゃられたことです。組合を作ります、と挨拶にいくと、大抵の経営者は嫌な顔をしたり、時には逃げて会ってくれなかったりするわけですが（笑）、佐藤さんは非常に紳士的でウェルカムでした。どうしてそれほど理解があったのですか？

佐藤　いや、本音を言えば、もちろんはじめてのことで勝手もわからないことですから、ちょっと緊張しましたし、身構えていたと思いますよ。でも、二宮さんと何度もお会いして話しているうちに、裏表のない誠実な方であることがすぐにわかったのです。もちろんゼンセンという実績のある組織ということもありましたが、それよりも、二宮さんにまかせておけば間違いないと、確信できたことがお世話になろうと思ったいちばんの決め手でした。

佐藤洋治さん

二宮　恐縮してしまいます。

佐藤　そもそも労働組合というものに拒否反応がなかったのは、自身ももともとダイエーという流通業でサラリーマンをしていて、組合があるのが普通だと思っていたことと、そのダイエー時代に受けた研修で出会った、ペガサスクラブの渥美俊一※先生からの影響が大きかったと思います。ダイエーに在籍したのは二年ほどで、その後、家業を継《つ》ぐことになるのですが、小さな会社の経営者となった後も、ずっと渥美先生にはお世話になっておりました。その中で、先生が度々《たびたび》おっしゃられたのは、「健全な企業経営にとって労働組合は必要不可欠なものだ」ということだったのです。

二宮 日本には、佐藤さんも含めて渥美門下の優秀なお弟子さんがたくさんいますが、労働者の組織化についてお話をさせていただくと、必ずお名前が出てきます。

佐藤 ダイナムが成長していく過程で、いつかは必ず労働組合が必要になることは理解していましたから、二宮さんとお話をさせていただいた時にも、その時が来たな、という気持ちがあったんですね。

二宮 当時、ダイナムの総務担当の方が労働組合に非常に明るい方だったこともありましたが、おそらく実質三週間くらいで立ち上げてしまったんじゃないですかね。

佐藤 そうでしたかね。渥美先生にも時間をかけないでさっさとやれ！ と言われてましたからね（笑）。

※渥美俊一：流通コンサルタント。専門は、チェーンストア経営政策・経営戦略と基礎

技術論。一九六二年チェーンストア経営研究団体ペガサスクラブ設立。ダイエーの中内㓛氏、イトーヨーカ堂の伊藤雅俊氏、ジャスコ（現・イオン）の岡田卓也氏、ユニーの西川俊男氏、イズミヤの和田満治氏など、メンバーの経営者を率いて毎年アメリカ視察を行い、アメリカの本格的なチェーンストア経営システムを日本に紹介し、流通革命・流通の近代化の理論的指導者として、草創期にあった戦後日本を代表する多くのチェーンストア企業を指導した人物。二〇一〇年七月二一日没。

労働組合は、経営に欠かせないパートナー

二宮　今でも佐藤さんに感謝しているのは、ダイナムの組織化の後、同業他社の組織化の際にも、積極的に橋渡しをしてくださったことです。私たちにしてみれば、これ以上の援軍はないわけで、事実、とてもスムーズにいくつもの組合を立ち上げることができました。

佐藤　やはり、業界全体の健全化ということが必要でしたから、どんどんやってもらったほうがいいと思いました。先ほどお話ししましたように、ダイナムも組合ができて世間の見方が変わってきていましたし、一企業としても、労働組合を作ってもらっ

たことによる経営的なメリットを実感できていましたので、皆さんも是非と（笑）。

二宮　同業者といえばライバルなわけで、組織化の効果があればあるほど、「敵に塩を送る」ような行為とも思えますが、やはり業界全体が向上しなくては意味がないというお考えだったのですね。

佐藤　二宮さんもよくご存じのように、当時のパチンコ業界は、どの会社がどうだ、という以前に、産業自体にネガティブなイメージがあったわけです。それを払拭《ふっしょく》するためには、一社だけが組合を作ってうまくいったところでその効果は小さくなってしまいます。やはり、全体が変わって、はじめて社会的にもパチンコ業界が変わったと認知してもらえるのであってね。

二宮　そのとおりですね。実際にダイナムの後を追うように、同業他社にも組合が次々に作られて、業界のイメージというのは大きく変わりました。

ところで、労働組合ができたことで経営的なメリットもあったとのことでしたが、具体的にはどのようなことで、そうお感じになりましたか？

佐藤　そうですね、たとえば、組合がなかった頃は、いろんな経営判断を下す時も、経営幹部だけでその方向性を決めてしまうわけです。そこに、現場の最前線で働いている従業員の声というものはなかなか反映できない。でも、組合ができると、定期的に団体交渉があり、その場では、労働条件についてだけではなく、会社の経営方針についても度々議論になるのです。

二宮　一般的には、労使交渉というと、火花をバチバチ飛ばしながらお金の話に終始するというイメージを持たれているかもしれませんが、きちんと機能している組合は、経営に物申すことも多いですし、それを経営者側もパートナーとして尊重して議論することもあるわけですよね。現場の声を聞くことは大切だとよく言いますが、一社員として声をあげてもらうのではなくて、会社と対等な立場で話ができる組合を介することで、よりリアルな声を聞けるようになった、という話はよく聞きます。

佐藤　それが健全な企業経営なんですね。現場で働く従業員の視点というのは、企業経営にとって本当に貴重です。大きな組織になっていくと、経営者側の目線だけですべて片づけていくことは非常に危険で、組合と話をするとハッと気付かされることも多いんです。同じ問題を見ていても、そういう見方をするのか、とか、優先順位が違っていたり、ズレや温度差を感じることもあります。

二宮　その温度差というものが、時には労働者の意欲を低下させることになります。

会社はわかってないな、というやつです。

佐藤　新しい施策を実施するときでも、会社はわかってないな、と従業員が納得していなくて、モチベーションが低ければ、たとえどんなにいい施策でも成功させることは難しい。大切なのは、信頼関係です。そのために重要なことは、包み隠さず、嘘をつかずに、正直に向き合うことでしょう。経営側は、たくさんの情報を持っています。それを分析して、施策を練って従業員に伝えるわけですが、そのプロセスについてもできる限り包み隠さずに伝えるようにしています。数字はこうで、経営的に困っているのはこうした点で、それをクリアするために考えたのがこの施策だと。

二宮　その上で、皆さんの協力が必要だから、力を貸してほしいと言うわけですね。実に、佐藤さんらしいやり方ですね。誠実さがにじみ出ています。長い間労働運動をやっていますと、倒産してしまった企業の組合員とも話をする機会があるわけです。彼らが異口同音に言うのは、「まさか倒産するとは思わなかった」という言葉です。もちろん、倒産してしまうのですから、経営が順調だとは思っていなかったけれど、まさか倒産するほど経営が悪化していたとは……とね。そして、もっと早くそれを知っていたら、もっと頑張れたかもしれない、何で黙っていたんだと嘆《なげ》くのです。

会社の窮地を救った「一円パチンコ」は、労使の信頼関係で実現した

佐藤　実は、ダイナムも二〇〇七（平成一九）年に会社として大きな決断をしました。それは、既存店の大量閉店です。赤字店だったおよそ三〇店舗、全店舗の一割強を、譲渡、売却などして閉めて、経営を立て直すことにしました。組合に対して、会社の苦しい現状をきちんと伝えると同時に、「一円パチンコ」という全く新しいサービスを始めることで、この難局を乗り越え、新たな成長を目指すと話をして納得してもらいました。「一円パチンコ」というのは、一玉四円で貸していたのを、四分の一にしてしまうものです。だから、利益が出るわけはない、ダイナムにはもう将来はない、と会社を去ってしまった役員もいました。ですが、組合は、この「一円パチンコ」に理解を示してくれました。

二宮　そして結果は、V字回復という満額回答が出ましたね。何がヒットの要因だったのですか？

佐藤　「一円パチンコ」というのは、今までよりももっと気軽に楽しんでもらえるように料金設定をして、空いているパチンコ台を稼働させることを目的にしたものなんですね。売り上げはもちろん少なくなりますが、空いている台をなくして稼働させれば、確実に利益は上がっていくわけです。最初は、テストとして北海道で導入しました。なぜ北海道かというと、国内でもとくに経済状況が長年低迷していたという状況があって、実際にダイナムの店舗でも苦戦しているところが多かったのです。でも、テストしてみると非常に評判がいいんです。本音を言えば、従業員も最初は疑心暗鬼だったと思います。でもやってみたら、たくさんのお客様が来てくれて、今まで閑散としていた店が賑《にぎ》わっている。

二宮　客商売は、まず来店客がないことには始まりませんからね。働いている人間からすれば、実感として「一円パチンコ」はいけるぞ、という手応えを感じたでしょうね。

佐藤　そうですね、それで、その実績を見てもらって、他所《よそ》の店でも次々に「一円パチンコ」を導入することで、業績が一気に回復していったわけです。

二宮　経営と組合はよく車の両輪に例えられるわけですが、私は、鏡じゃないかと思っています。相手が牙をむけば、こちらも負けじと牙をむく、相手が誠実であれば、それに応えて誠実に対応する。この対談の冒頭で、私のことを裏表がなく誠実だと、過分なお褒めの言葉をいただきましたが、それは、まったく佐藤さんご自身のことでもあるわけです。もし、最初に佐藤さんが牙をむいてきたとしたら、私も、そちらがその気なら徹底的にやりますよ、と牙をむいていたでしょうから。

佐藤　そうならずに助かりました（笑）。

二宮　この「一円パチンコ」によるV字回復は、まさに労使がお互いに信頼しあって、共に取り組むことができたからこそ成功したのだと感じます。

佐藤　二宮さんのことを信頼できる方だと感じたのは、まだ出会って間もない頃、「こんなに給料が高くて将来的にダイナムは大丈夫なのか？」と真剣に意見してくれた時でした。あれで、裏表のない人だと確信したんですよ。

二宮　そうですか、私は、単純にビックリしただけだったのですが（笑）。仕事柄、いろんな業界の平均的な給与を知っていますが、ダイナムの大卒初任給がダントツに高くて、ここからスタートしたら、三〇代、四〇代になった時に、いったいどうするつもりなのかと思ってしまったのです。

佐藤　今でこそ、他の産業とそう違わないかもしれませんが、大卒を採用しはじめた頃は、それくらいしないと入社してもらえなかった。市場原理だったんです。二宮さんは親切に、結婚する、子供が生まれる、などのライフイベントに合わせて給与を上げていって、四〇代半ばあたりにピークを持っていくようにするのが普通だと、グラフを描いて熱心に教えてくださいましたね。

二宮　そんなことまで言いましたか？　まあ、会社が健全に、継続的に発展していかなければ雇用も守れませんし、労働条件を向上させることもできないわけですからね。ところで、当時は、パチンコ業界で大卒を大量採用するなんてことをしていたのはダイナムくらいでしたよね。

佐藤　一九八九（平成元）年から大卒の定期採用を始めたのですが、業界ではさきがけだったと思います。全国にホールチェーンを展開していくという経営方針のもと、そのために優秀な人材を確保することは筆頭課題だったのです。おかげさまで現在は、高額の給与で人を集めなくても良い状況になって、二宮さんが教えてくださったグラフのようになっていますよ。

香港株式市場への上場で、グローバルスタンダードを知る

二宮　ダイナムは、業界初の労働組合、大卒社員の大量採用と全国チェーン化、そして、「一円パチンコ」の導入など、常に業界をリードしてきたわけですが、佐藤さんの胸のうちには、パチンコを健全な産業として社会に認知させたいという、大きな使命感があるのだと思います。もっと有り体に言えば、風営法という壁と常に戦っている。そして、最近最もすごいことをやったな、戦っているな、と感心したのが、二〇一二（平成二四）年の香港株式市場への上場です。この話をぜひ聞かせてください。

佐藤　ダイナムを含む同業六社が、上場のための勉強会を立ち上げたのは、一九九〇（平成二）年です。二〇年以上も前から準備してきたのですから、この上場は業界の悲願と言っていいと思います。もちろん、二宮さんの言うとおり、上場企業を業界から出すことによって、ステータスを上げたいという思いも強くありました。でも、志はまだ半ばだと思っています。
香港で上場したのは、何度トライしても東証（東京証券取引所）の門が固く閉ざされたままで、結局今までこじ開けることができなかったからです。ここがダメだよと、明確な基準を示してくれればそれを改善していけるわけですが、東証の審査というのはブラックボックスで、ダメですとしか回答がきません。そこで、香港市場が日本を含む世界の国々二〇ヵ国に門戸を開いた二〇一〇年に、現地に飛んで取引所を訪ねて話を聞いて、半年後に申請書を持ってきますと宣言して帰ってきたのです。

二宮　すごい行動力ですね。勝算はあったのですか？　日本のパチンコと言っても、世界的には認知されていませんよね。

佐藤　カテゴリとしては、カジノに入っていますが、もちろんパチンコなんて彼らは知りません。でも、東証と違ったのは、明確な審査基準が示されていたことです。実際に上場するまでは非常に大変でした。大学教授、弁護士、会計士、金融専門家など約一〇名が審査を担当するんですが、何度も何度も説明を求められたり、ダメ出しをされたりと、ものすごい時間と労力がかかりました。でも、その質問や要望が常に明確なので、ちゃんと対応することができればクリアできると考えていました。そして、感心したのは、そのやりとりすべてを書面にして、双方がそれを保管する義務があるということです。

二宮　証拠ですね。もし、回答したことに虚偽があった場合などの。

佐藤　そうです。この一件でグローバルスタンダードというものを感じたと同時に、やはり東証は遅れているな、透明性が低いな、とあらためて感じました。結局、一時期東証にも外国企業がたくさん上場しましたけど、今はほんの一握りしか残っていない。あらゆる面で基準があいまいで、日本のルールが世界基準とはかけ離れていることが、そうした不人気に繋がっているのではないかと思います。

二宮　ただ、ダイナムの香港市場上場は、日本でも大きな話題になりましたし、それだけ厳しい基準をクリアして上場できたことは、世界基準で健全な経営をしていることの証明にもなったわけですから、いずれ、遅ればせながらと、東証の門も開かれるのではないでしょうか。

佐藤　香港市場への上場は、業界でもダイナムに続く企業があるでしょうし、そうなることでさらに業界のステータスも上がることになりますので、どんどん続いてほしいと思っていますし、いずれは東証でも、と考えています。

日本のカジノ解禁をにらみ、注目されるダイナムのカジノビジネス

二宮 もう一つ、佐藤さんにお聞きしたかったのは、安倍政権が進めているカジノについてです。新聞紙上等では、世界のカジノ事業者が日本でのカジノビジネスを狙っている中、日本勢ではダイナムの動向が非常に注目を集めています。

佐藤 香港に上場してみて、新たな活動拠点をそこに新設してみますと、今までとはまったく違った、それこそ世界の生のディープな情報が手に入ります。香港上場企業のチェアマン（会長）ということで、オファーすれば大抵の会社が、社長、ナンバーツー、ナンバースリーくらいの人が対応してくれますし、その逆もある。現地のアナリストも毎日のように電話をしてきます。

そうした状況の中で分析をすると、今回の日本におけるカジノビジネスというのは、ラスベガスのカジノオペレーターたちが盛大に打ち上げている、アドバルーンのようにはなかなかならないと思います。

今、アジア各国、マカオ、ベトナム、カンボジア、フィリピン、韓国、そして極東

ロシアにもカジノがあります。そのカジノの上得意は、大きなお金を賭けて勝負する中国の富裕層、俗に言うハイローラーです。今挙げたアジア各国のカジノでは、売り上げの約七割をこのハイローラーに依存しています。ただ、中国というのは、ご存じのようになかなか厄介な国でして、基本的には賭博を認めていません。つまり、カジノの事業者は、法的に取り立てることができないわけです。

二宮 そんなむちゃくちゃな話が通用するんですか？

佐藤 もちろん、当然それではビジネスが成り立ちませんから、各カジノはジャンケットという、仲介業者に手数料を支払ってハイローラーを呼び、その客が負けた場合にはそのジャンケットがきちんと負債に対する責任を持つというビジネスモデルを確立させてビジネスを行っています。例えば、マカオではジャンケットビジネスの会社が一五〇社程度あって、うち三社は上場しているのです。

翻って日本で同じことができるのかと言えば、法律的にジャンケットの介入はまず無理ですから、ハイローラーを上得意とするようなビジネスは成功しないでしょう。いい例がシンガポールのカジノですが、シンガポールは一部を除いて原則ジャンケットを認めていないので、カジノ事業者が独自に客の信用調査をしなければなりません。その結果、今、多くのハイローラーたちによる莫大な債権が回収不能の状態にあると言われています。一説によればその額は一〇〇〇億円とも言われていますが、さらにもう一〇〇〇億円程度の授業料を払わないと、シンガポールのカジノ事業者は信用調査のノウハウを手にできないのでは？　と言われています。

ダイナム茨城日立北店ゆったり館

話が長くなりましたが、日本におけるカジノは、そうしたハイローラーに頼るアジア型のものではなく、やはり健全に旅行者が楽しく遊べるものでなくてはならないと思います。ラスベガスのカジノオペレーターが、五〇〇〇億円投資する、いや、一兆円だと景気のいいアドバルーンを盛んに打ち上げていますが、それは、ハイローラー相手の商売を想定しているからそうした莫大な資金をつぎ込めるわけです。当社が考えている健全なカジノとはまったく別物ですし、日本においては現実的ではないと思っています。

目の前の利益を求めて右往左往する世界

二宮　カジノ解禁によって、治安の悪化なども危惧されていますが、正直に言って、そうしたハイローラーが大勝負するようなギャンブル性の強いカジノが日本にできるのであれば、とても怖いですね。業界の健全化に邁進《まいしん》する佐藤さんからしても、そうしたビジネスに参画することはあり得ないというわけですね。

佐藤　百パーセントありません。ダイナムが描いている日本におけるカジノビジネスというのは、ツーリズムと組み合わせた、いわば旅行者のためのカジノで、例えば、日本の名所を周遊しながら観光して、ホテルに戻ったら併設されているカジノでも遊べるといったイメージです。ですから、ダイナムがこの新規事業に出資できる金額もせいぜい一〇〇〇億〜二〇〇〇億円程度だと考えています。

二宮　新しいビジネスが興《おこ》るということは、新たな雇用の創出にも繋がりますし、労働界としても期待しているわけですが、今お聞きしたような健全なビジネスでなければやはり心配です。是非、ダイナムならではの新しいビジネスモデルを確立して、日本を盛り上げていってほしいですし、それが今よりもさらにもっと健全な業界であることをアピールすることに繋がるのだと思いますから、大いに期待しています。

さて、最後になりますが、これからの労働組合、労働運動に期待することを一言いただいて、対談を締めさせていただきたいと思います。

佐藤　今の世の中は、どうも表層の動きだけに囚《とら》われすぎているのではないかとよく思うんです。今、ビジネスを離れた部分で、ワンアジア財団の理事長としても活動をしています。財団の目的は、アジア共同体の創成に寄与するというものです。本来人類は、みんなが助けあって、分担しあって、争いがない平和な世の中で暮らしたいと考えています。でも、実際には目の前の利益を求めて右往左往している。政治家だって、経済人だって、本質を突き詰めれば、安心して暮らせる社会のために活動しているはずなのに、です。

日本の格差社会が問題になっていますが、経済戦争に明け暮れた結果、今、格差拡大という現象はアジア全体に広がっていて、多くの人々が苦しんでいます。これを是正《ぜせい》するためには、ビジョンが必要です。社会のリーダーとなるべき、政治家、経済人、労働組合の幹部、そうした人たちが、表層の動きだけに囚われずに、「誰もが安心して平和に暮らせる世の中を作ろう！」という、明確なビジョンを示して行動すれば、世の中は劇的に変わっていくと思います。
少々脱線しましたが、労働組合の活動に関しても、まずはビジョンでしょう。組合は何のために存在するのか、何を目指しているのかを、労働者に、社会に、明確に宣言することです。そして、実際に行う運動の中で大切なことは、二つあると思います。一つは、信頼です。佐藤洋治は誠実な二宮さんを心から信頼しています。二宮さんも佐藤洋治を信頼してくれていると思います。この相互信頼こそが活動の大きな力になります。そして、もう一つは変化に対応する力です。恐竜を見ればわかるように、強いものが生き残るのではなく、変化に対応できたものだけが地球に生き残ってきたわけです。変わらない信頼関係と、変わっていける柔軟性。それが、今の労働組合に必要なものであると思います。

二宮　本当にそのとおりだと私も思います。今日はさまざまなお話を伺い、勉強になりましたが、最後に伺ったことですべてが腑《ふ》に落ちた気がします。また、これからの労働運動に関しても、強烈な叱咤《しった》と示唆をいただき、こころから感謝しております。今日は長い間本当にありがとうございました。

佐藤　こちらこそありがとうございます。これからも一緒に、みんなが安心して暮らせる、よりよい世の中のために頑張っていきましょう。

第六章　激変する労働環境 —— 変わっていくものと、変わらないもの

「自らの主張」ができないリーダーたち

真のリーダーの不在——。今、そして、これからの労働組合を語る上で、最も緊急で重要な課題が、労働運動を強力なリーダーシップで率いていくリーダーの育成です。かつての労働運動には、まさにカリスマと呼ばれる数多の先輩方がいらっしゃいました。私自身、そうした先輩に憧《あこが》れ、導かれ、また、同志と呼べる仲間たちと激論を交わし、切磋琢磨《せっさたくま》しながら、リーダーとなるべくがむしゃらに運動に邁進してきました。

しかし、気がついてみれば、今の若い世代には、強い主張、個性を持ったリーダーが見当たりません。社会が大きく成長する中で、労働運動が大きなうねりを持っていた時代と、社会が成熟し、すっかり豊かになった現代とでは、時代背景や労働運動に求められるものも変わってきていることは確かです。でも、それを「時代」の一言で片付けることはできません。どんな時代になろうとも、運動にはリーダーが必要で

す。そして、その時代時代に求められる理想のリーダー像が変わっていくのも当然。時代を読み、時代を作るのがリーダーなのです。

いつの時代においても、リーダーとなる人間に不可欠なものがあります。それは「発信力」です。至極当たり前のことですが、どんなことを考え、どんなことを目指し、どんな世の中を作っていきたいのか、明確なビジョンをきちんと発信できてこそ、人の心を動かせるリーダーになれるのです。

高度に情報化した現代では、自らの主張を声高らかに述べる、発信することには「勇気」が必要です。一つの言葉、行動が、無責任に際限なく拡散されていく社会においては、おのずと自身の発言に慎重にならざるを得ないことは理解できます。一〇〇のうち九九素晴らしい主張をしていても、たった一つの問題発言があれば、その部分だけがおもしろおかしく拡散され、人を完全に抹殺してしまうのが現代社会なのです。

誰もが自由に「自らの主張」を発言できる社会。それは、本当に素晴らしい社会です。でも、人は自らの発言に責任を持たなければなりません。ネットを使った拡散には、「自らの主張」も「責任」もない。まさに拡散するだけです。こうした社会において「自らの主張」を発言することの怖さを乗り越え、リスクをとってでも、勇気を持って人の心を動かす「発信力」を発揮することが、現代のリーダーには求められているのです。

私は、次代を担う組合幹部と公私にわたりよく話をします。話をすると、彼らが非常に賢いことがよくわかります。ただ、残念ながらこの場合の賢いというのは、百パーセントの褒め言葉ではありません。賢いがゆえに、常にセーフティでリスクをとるような発言や行動をしない、という印象なのです。

いろんな社会的問題について議論を仕掛けても、彼らは自らの意見、主張をなかなか口にしません。「こんな考え方があると言われてますね。でも、一方ではこんな考え方も——」と、ネットで拾ってきたいろんな考え方を、つらつらと雄弁に返してきます。でも、私が、「で、キミはどう考えるの？　キミ自身の主張は？」と問いかけると、途端にトーンダウンしてしまうわけです。

たとえば、集団的自衛権の問題です。さまざまな考え方、見解がメディアに躍っています。彼らは、もちろんそれを知っています。でも、そうしたさまざまな考え方がある中で、自分自身がどう考えるのかを発言できないのです。私から言わせれば、憲法という国の根幹をなす一番大切なものを、一内閣が勝手に解釈を変えてしまうなんてことが許されるべきではないし、こんな無茶苦茶なことを強行する安倍政権は断じて許すことができない！　となります。これが私の「自らの主張」です。そして、私の主張に異論や批判があれば、とことん話し合いたい。大いに議論して、自分たちの国のあり方をみんなで考え、今進むべき道が間違っているのであれば、それを運動を通じて正していきたいと思うわけです。

「自らの主張」をしなければ、批判されることも、減点されることもなく、他人と軋《あつ》轢《れき》が生じることもない。現代社会はあらゆる場面で、こうしたある種の事なかれ主義が蔓延《まんえん》しています。非常に残念なことですが、私は、労働組合という組織においてもそれを強く感じてしまうのです。

昔はよかった――。そんなボヤキめいた話は極力したくないのですが、こうした組織にしてしまった自らの反省も含め、あえて述べるとすれば、以前は、「自らの主張」というものを持ち、持つだけでなくそれを発言し、日常的に議論を戦わせたものです。

今回のような、集団的自衛権の是非などという国を揺るがすような事象について、

「自らの主張」をしない、できない組合幹部なんて一人としていなかったでしょう。強い怒りを持って、何とか国家・国民を守るため、労働者を守るために、幹部はあらゆる場面で「自らの主張」をしたはずなのです。でも、そうした熱量を現在の幹部には感じません。責任を伴う発言をしたくない、自分自身の主張に自信がない、何を言おうと何も変わらないとあきらめている……。「自らの主張」をしない理由は人それぞれあるでしょうが、いずれにしても自分の言葉で自分の考えを言えない人が、人の信頼を得ることなどできるはずもなく、リーダーになることもできないのです。

なぜブラック企業がはびこってしまったのか？

集団的自衛権の問題、TPPなど、国を揺るがす大問題が山積していますが、最終章となる本章では、労働運動の今と未来を語る上で、現在、社会で問題化している労働関連の問題、激変する労働環境について考えてみます。

まずは、ここ数年の流行語と言ってもいい、ブラック企業。ブラック企業、ブラックバイトなど、「ブラック」という言葉が社会に広く認知されるようになってずいぶんと時間が経《た》ちました。一昔前のブラック企業は、暴力団関連の法人や、違法な品物の取引や仕事をしていたり脱税などを働いたりと、企業の経営母体、生業や行いがブラック（違法）とされたわけです。現代では、劣悪な環境で労働者を酷使するといった、主に、労働条件的に違法性のある企業を指すようになっています。

つまり、株式上場しているような社会的には一流の会社でも、その実は、労働者を消耗品《しょうもう》のように扱い、法律で定められた基準を守らないという、考えられないような経営を行っている企業がたくさんあるのです。

こうしたブラック企業は、いつ頃から生まれてきたのか？　たとえば、昔も、社長をオヤジと呼ぶような中小の家族経営的な会社では、ブラック的な雇用はありました。ただ、それは、徒弟制度の名残とも言えるもので、今の利益至上主義、大企業経営者のブラックさとは一線を画すものでした。

バブル崩壊後、建設土木など、肉体労働系の職業を中心に3Kという言葉が生まれました。本来は、「高学歴、高収入、高身長」という、女性の理想の結婚相手の条件として3Kは生まれたはずですが、ある種の悲哀も込めて、「きつい、汚い、危険」の3K（職場・職業）が生まれたと記憶しています。でも、この3Kは、違法性のある現代のブラックとは意味合いが違う気がします。時代は流れ、現代では、「きつい、帰れない、給料が安い」という新３Ｋも登場していますが、これぞまさにブラックの象徴的な労働環境と言えるでしょう。

この新３Ｋタイプのブラック企業が増えてきたきっかけは、二〇〇八（平成二〇）年に起きた、アメリカの投資銀行リーマン・ブラザーズの破綻でした。世界的な金融危機の大きな引き金となったこのリーマン・ショック以降、日本においても雇用環境は激変しました。記憶に新しい「派遣切り」は大きな社会問題になりましたが、この頃から、今日的なブラック企業というものが一気に出てきたように感じます。

ブラック企業と呼ばれる企業の経営者に会って話をしてみると、皆さん一様に「うちはブラック（違法）じゃない」と言います。労働組合に関しても、「社員は家族なんだから、うちには必要ない」と。驚いてしまうのは、こうした発言を本気で言う経営者がいることです。もちろん、自身の会社の違法性に気がつきながらも、のらりくらりと言い逃れをしている確信犯もいるでしょう。でも、私の経験上、本気で「ブラックじゃない」「社員は家族だから労働組合は必要ない」と考えている経営者も非常に多いのです。

つまりは、無知です。会社の利益追求、企業経営については一所懸命勉強もしているでしょうけど、彼らは労働者の権利というものを全く理解していない。労働基準法を全く勉強していないし、する気もないので、何が違法なのかすらわからない。だから、働く者の権利である労働組合を、経営者が「社員は家族だから労働組合は必要ない」なんてトンチンカンなことを恥ずかしげもなく言えるのです。自社にすでに労働組合があっても、労働基準法を全く知らない経営者たちは存在します。

労働組合法を全く勉強しないので、「団体交渉を受け付けない」とか、平気で言ってくる。また、人事に関しても、人事権の範疇《はんちゅう》だから、どんな人事をしようと文句を言われる筋合いはない、とか。もう、悪い冗談としか思えないわけですが、本気でそう言ってくる無知な経営者はたくさんいるのです。

そして、ブラック企業最大の特徴は、こうした労働に関して無知で強引な経営トップの方針に、その下の人間たちが無批判に従っていることです。社長がそうだから、専務もそう、部長も課長も店長もそう、と。ブラック企業の役職者たちは、みんな経営者と同じことを言い、行動します。労働基準法なんて関係ない。彼らにとっての守るべきルール、行動指針は、すべて社長が決めているのですから。

長年労働運動に携わってきて私が確信しているのは、トップがどう考えているか、そのイデオロギーによって会社のカラーが決定されるということです。特に、ブラック企業はそれが徹底しています。異論・不満があったとしても、それを口に出せば、すぐに降格や解雇という憂《う》き目にあうのですから、黙って余計なことは考えないようにしているわけです。

表面は聖人君子然として振る舞い、その裏の顔、真実の顔は真っ黒という経営者を私は何人も知っています。

「サービス残業」という言葉があります。非常に嫌な言葉です。マスコミもサービスなどとソフトな言葉を使わずに、違法な「賃金未払い残業」とはっきり言ってほしいと思います。

違法な残業というものは昔からありました。たとえば、縫製《ほうせい》工場で働く女工さんが、決められた労働時間を延長してノルマ以上の仕事をする、といった場合です。彼女たちは、自分専用のミシンを持っていますので、工場の終業時間になっても、ミシンを止めないで続けるわけです。それを経営者も、見て見ぬふりをする。でも、この残業が今日のサービス残業と違うのは、女工さんたちは働いた分だけちゃんと対価を得ていたということです。生活が苦しくて、少しでも多くのお金を稼ぎたくて違法残業してしまう女工さん。それをわかっているからこそ、経営者も黙認していたのです。

対照的に、サービス残業の典型的な例は、会社が法令遵守《ほうれいじゅんしゅ》を装う、または人件費の削減の目的で、残業が認められないのに、仕事が終わらないため、記録上は退社したことにしたり、休日に出勤をしてもその記録を残さなかったりして、無給で働くといったケースです。会社としては、違法な残業記録は残らず、コンプライアンスを守っている健全な企業と主張できるでしょう。しかし、その実態は、労働者からのサービス、つまり、無給という搾取《さくしゅ》です。そうした非常に歪《ゆが》んだ経営が横行しているのです。

ある調査によれば、労働者の三人に一人が、このサービス残業というものを経験したことがあるといいます。リーマン・ショック後、大きなダメージを受けた多くの企業は、リストラを断行し、経費削減することでその難局を乗り越えようとしました。サービス残業が、そうした社会的な背景の中から生まれてきたことは間違いありません。でも、いつしかそれが常態化してしまい、サービス残業ありきのビジネスモデルが社会に蔓延してしまった。私がもっとも怖いと思っているのは、労働者の側からもそれが当たり前、仕方がないという空気を感じてしまうことなのです。

日本人は本当に真面目です。世界中どこを見て回っても、これほど真面目に仕事をする国民はいませんし、真面目に働くことが自分自身でもすごく好きなのです。そして、日本人には、民族的、歴史的に「忠」の精神がいまだに強く残っています。お殿様のために、藩のために、国のために、そんな言葉が大好きです。

ですから、会社のため、社長のためという言葉もすっと腹に落ちる。言い換えれば、こうした日本人の特性を利用して、「忠」の精神を上手に刺激してやることによって、うまく働かせている経営者がたくさんいるというわけです。逆に、労働者からすれば、自分の真面目さを履き違えて、図らずもブラック企業を働く側から支えてしまった、という面もあるのではないかと思います。

大手牛丼チェーン店アルバイトのスト騒ぎはなぜ起きた？

先ほども述べたように、リーマン・ショック以降、日本の労働環境は劇的に変化しました。その直後は、企業のリストラの影響もあり、派遣切りなどが社会問題化しましたが、現在いちばんのトピックスとなっているのは、なんといっても労働力の不足です。

少子高齢化に歯止めがかからない中、このままいけば、労働力人口はドンドン減ってしまいます。今こそ、政治が今までの政策を思い切って転換させていかなければならないところです。政府の一部は、事実上の移民政策へ舵《かじ》を切って労働力不足を解消すればいいと考えているようですが、その前にやらなければならないことは山ほどあります。まずは、子供を安心して産んで育てられる環境を作り、そもそもの原因である少子化を止めなければならないのに、そこに関しての政策がほとんど見えてきません。

今の若い世代には、仮にパートナーを見つけることができても、子供をもうけるどころか、結婚することもできないという人たちがたくさんいます。その主な理由は、低収入です。非正規労働者を中心に、低収入で経済的に安定していない人たちには、自分が生きていくだけで精一杯で、結婚して子供をもうけて、なんてことは夢のまた夢なわけです。

二〇一〇（平成二二）年に厚生労働省が行った調査（二〇歳以上六五歳未満の人を対象）では、三〇代男性の非正規労働者の七五・六％が未婚という衝撃的な数字が出ています。二〇〇四（平成一六）年の調査では、四五・五％だったので、わずか六年で三〇ポイント以上も増えてしまった。ちなみに、三〇代男性の正規労働者の未婚率は三〇・七％で、非正規労働者とは二・五倍の差があります。

お金がないから結婚できないのであれば、それは、賃金が低すぎるのです。日本一高い東京都の最低賃金でも九〇七円。沖縄などでは六九三円です（二〇一六年現在）。ワーキングプアという言葉がありますが、「下手に働かないで生活保護をもらったほうがいい」と公言する人が出てくる始末。やはり、こんな社会は間違っているし、今こそ政治が何とかしなければなりません。

雇用格差、収入格差、地域格差、そして教育格差……。今、さまざまな格差が深刻化していて、社会の雰囲気は非常に物騒《ぶっそう》になってきていると感じます。請負、派遣、低賃金で働かざるを得ない労働者が、ものすごく増えています。その割合は、世界一と言っていいでしょう。物騒だと言ったのは、そうした不満を抱えた労働者の怒りが、ところどころではありますが、噴出し始めているからです。

大手牛丼チェーンで起きた、アルバイトによるストライキ騒ぎなどは、そうした一例です。この騒動に関して言えば、労働組合を持たない従業員が、通常では接点を持たない他店の従業員に、ネットを利用して蜂起《ほうき》を呼びかけたという点にも注目が集まりました。

私は、二〇〇四年に派遣労働者の権利を守らなければならない、との思いから、人材サービスゼネラルユニオン（ＪＳＧＵ）を作りました。そこには学生は加盟していませんが、学生も現代社会の中では重要な役割を担っています。

たとえば、チェーン居酒屋では、学生アルバイトが店を仕切っているなんていうところがいくらでもあるわけです。大学生になってバイトを始めて三年、立派なベテランアルバイトとなって、店を仕切る。新卒の新入社員にも手取り足取り仕事を教えなくてはならない。でも、給与は何もできない新入社員よりも全然低い。小売業の現場でも、同様の光景がいくらでも見られます。こんなことが続けば、耐えに耐えている学生だっていつか爆発するでしょう。

同じ仕事をして、いや、それ以上の仕事をしても、非正規労働者は、正社員に比べて圧倒的に不利な労働環境にあります。企業のトップはそうしたことに気がついていないのか？　もちろん、気がついています。気がついていますが、気がつかないフリでやり過ごしているのです。仮に、非正規労働者にも正社員と同等の報酬を払ったとすれば、会社の利益は減ってしまい、経営が立ちゆかなくなってしまうこともあるでしょう。

正社員だってそうです。同じ職場で自分と同等の仕事をしているのに、非正規労働者だからといって給料は少なく、いつ解雇されるかもわからないという状況で働かされている人がいるのはおかしい、そう感じています。でも、それは言い出せない。非正規労働者の給与が上がったり雇用が安定したりすると、自分たちに逆の影響が出てくると思っているからです。

企業別労働組合のジレンマ、そして、限界

ここ数年、小売業などを中心に、非正規労働者の組合員化、いわゆるパートの組織化が急ピッチで進められています。私たちも、非常に弱い立場のパートさんたちを守るために、バックアップをしています。ただ、そこにはどうしても先に挙げたようなジレンマがあります。

パートの組織化は、多くの場合、企業の既存労働組合にパートさんを参加させる形になります。しかし、団交によってパートさんの給与を上げろと交渉することは、正

社員にとっては、自分の給与が上昇しにくくなってしまう可能性があります。つまり、正社員とパートには反目する利害関係が生じているわけです。そもそも、組合というのは、労働者が一致団結して、経営者と対峙《たいじ》することで、働く者の権利を守る組織です。そのことの意味を理解できない組合リーダーがいまだにたくさんいることも確かです。

日本では、企業ごとに労働組合があるのが一般的ですが、実は、こうした企業別労働組合を採用している国は、世界でもとても珍しいということをご存じでしょうか。世界では、産業別労働組合が圧倒的に主流なのです。日本の労働組合は、ヨーロッパの基準で言えば社員会に類似していると言われています。

そうした世界的に見れば特殊な状況であるが故に、上部団体（産業別組織）の役割が重要になってくるわけです。ただ、やはり企業別労働組合というのは、産業別労働組合に比べて圧倒的に弱い。御用組合などと揶揄《やゆ》されることもあるように、企業の中にあるがゆえに、交渉力が非常に限定的になってしまうわけです。だから、上部団体に入ることでそのウィークポイントをカバーするという日本独特の構図があります。もちろん正規か非正規かというのは、今や身分制度になってしまっていると感じます。もちろん、子育て中であったり、要介護家族があったり、また、さまざまなライフスタイルがありますから、非正規であることを自ら選択している労働者も少なくありません。でも、できれば正社員になって、今よりも高収入の安定した職に就きたいと考えている非正規労働者もたくさんいます。

長年続いた企業別労働組合がすぐにヨーロッパのように産業別になるとは思いませんが、私は、ゆくゆくは非正規労働者は、企業別とは別の形で労働組合を作っていくことになると考えています。ただ、そこに至るまで、非正規労働者たちが耐えられるのか？　私は、早晩「乱」が起きるような気がしてなりません。非正規労働者の乱です。「忠」の心を持った真面目な日本人ですが、ここまで格差が広がり、不公平感が鬱積《うっせき》してしまうと、耐えられなくなっても当然のことでしょう。

組合離れは社員数の減少だけが原因ではない

さて、こうした混沌《こんとん》とした時代の状況を踏まえて、今、労働組合は何をしなければならないのかについて考えてみたいと思います。

日本における労働組合の組織率は年々下がり続け、現在一八％を切っています。その原因の一つは、正社員の減少です。戦後、労働組合は、大企業の企業別労働組合を中心に発展してきました。もちろん、組合員のほとんどは正社員です。しかし、時代は流れて、正社員が減少していく中で必然的に労働組合の組織率も低下していったわけです。

しかし、労働組合の組織率の低下、そして、それに伴って存在感というものも薄れてきて、組織離れが起きてしまったのは、こうした構造の変化だけが原因ではありません。一言で言えば、労働組合が民主的な運営を簡略化してしまい、「執行部に一任」という言葉に集約されるような運営の仕方が組合員の声を反映しにくくし、参加・参画しにくい運動になってしまっていることが最大の原因だと私は考えています。

労働組合というのは、民主主義の砦《とりで》、民主主義そのものと言っていいと思います。にもかかわらず、現在多くの労働組合は、形だけは民主的ルールに則《のっと》っているけれど、真に現場の組合員の声をくみ取ろうとする努力が足りていません。

「組合は何をやっているかわからない」「組合なんて必要ない」。近年、こんな言葉をよく耳にします。これは、必然です。組合員に対しての報告・連絡・相談が足りていないのです。

多くの労働者が労働運動に参加し、組合活動にも興味を持っていた高度成長期、組合は非常に民主的に運営されていました。職場委員会があって、代議員会があって、臨時大会があって、それぞれがきちんと機能していたわけです。たとえば、春闘などの団体交渉の際には、経営側から出された回答をきちんと持ち帰り、職場委員会で報告、代議員会で受け入れるか否かを議論して、執行部へ伝え、再度交渉に臨ませる民主主義に則った手続きを踏んで交渉を行っていたので、自然に組合員一人ひとりが交渉の当事者であるという意識を持つことができました。

しかし、第二次オイルショックのあたりから、日本経済も低成長期に入りました。団体交渉も、頑張ればその分よい条件を獲得できた時代から、頑張って交渉しても適当にやっても、結果は同じというような時代になったのです。労働組合は、その頃から急速に求心力を失っていきます。そして、それまでの民主的な手続きを自ら簡略化して、早々に「執行部に一任」を取り付けることが慣例となってしまったのです。

本当は、たとえわずか一〇〇円のことだったとしても、民主主義のルールに則って、きちんと手続きを踏むべきなのに、それを面倒臭がって簡略化してしまったがために、「組合なんて必要ない」という声を生んだわけです。そうなれば、労働者にとって、組合は空気みたいなもので、存在意義なんて見いだせるはずもありません。まして や、自分もその一員だと言われたり、選挙のたびに「私たちの仲間を！」なんて言われても空々しいだけ。組合離れは、自業自得なのです。

民主主義というのは手続きが非常に大変です。でも、それを昔から変わらずきちんとやっている組合もあります。そうした組合の組合員は、「組合なんて必要ない」とは言いませんし、何も言わなくても自分たち一人ひとりが組合員だということを自然と自覚することができるのです。

今こそ労働組合の再生を！

民主的な運営ができなくなった労働組合と、労働運動を牽引《けんいん》する真のリーダーの不在という問題は、実は密接に関係しています。さまざまな民主主義的なプロセスは、形式ばかりでなく、人と人が混じりあい、議論し、信頼しあうための場としても機能していました。「執行部に一任」によって、労働組合は、その貴重な場も失ってしまったのです。

すでに述べましたが、私が労働運動に身を投じたのは、学生時代に政治家を志し、その夢を叶《かな》えるためでした。そして、自分の人生を変えてしまうほどの先輩方と出会い、学び、いつしか労働運動によって世の中を変えていきたいと強く思うようになったのです。そもそも、政治家になること自体が夢であったわけではなく、世のため人のためになる仕事がしたかったわけですから、志は少しも変わってはいないのですが。

そうした自らの労働運動家としての人生を振り返ってわかるのは、リーダーであるために欠かすことのできないことは、普段から現場の労働者とどれだけ本気で話をしているかということです。組合員の話を親身になって聞き、「自分の主張」もきちんと伝えて、信頼関係を築かなければ、誰もついてきてはくれません。

さまざまな事務仕事を抱えて、それをこなすだけで精一杯に見える若い世代を見ると、気の毒だなとは思います。でも、その反面で、自分の本当の仕事が何なのかわかっていれば、取捨選択をして時間を作り、電話やメールだけではなくて現場に足を運んで、現場の労働者と本気で向き合うことができるんじゃないかと、とても歯がゆく思ってしまいます。要するに、誰に向かって仕事するのか、です。私たちは、百パーセント労働者のために労働運動をしています。そこがブレなければ、自《おの》ずとやるべきことは見えてくるはずなのです。

社会が変わり、労働者も変わり、もちろん、労働運動も変わっていかなければなりません。でも、何がどう変わろうとも、労働運動は、労働組合は、現場で働く一人ひとりの労働者のためにあるのです。

何か仕事をお願いすると、すぐに「マニュアルありますか？」という人がいます。そんなことにマニュアルが必要なのか？　少しは自分で考えてみようという気にはならないのか？　怒るというよりは、失望と情けなさで泣けてきます。自分で考えて、自分で行動するということをしない、責任が発生することは極力したくない、という者（リーダー）は労働運動に要りません。先輩たちがそうであったように、地べたを這《は》いずり回り、「労働者のため」というたった一つの思いを持って突き進む、がむしゃらさを持った人間だけが真のリーダーとなり得るのだと私は思います。

今、政府は、事実上の移民推進や労働法制の改悪（ホワイトカラーエグゼンプション問題・雇用特区問題）を「岩盤規制の打破」などと称して進めようとしています。それこそ一体誰のために、どこに向かって仕事をしているのかわからない愚策を次々に発表しているのです。先ほどもお話ししたように、このようなことをしていると、私は早晩、ある種の「乱」が起きると思っています。一度乱が起きれば、一時的に社会は大混乱になるでしょう。その時に必要となるのが、真のリーダーたちに導かれた労働組合だと思います。そして、再び労働組合が労働者から信頼を得るためには、今一度、基本に立ち返り、民主主義の砦とならなければなりません。

真のリーダーたちによって導かれた、新しい労働運動が動き出す。私は、これしか労働者を守り、日本を守る道はないと思っています。また、もし、この状況でまだ労働者が立ち上がらない、「乱」の気配すら起きないのだとすれば、私自身が労働運動に捧《ささ》げた「最後の仕事」として、火を付けて回りたい、そんな気持ちでいるのです。

ゲスト対談　株式会社ニトリホールディングス代表取締役会長　似鳥昭雄さん

「志＝ロマン」と「夢＝ビジョン」が人を成長させる

チェーンストア理論の権威にすすめられた組合結成

二宮　似鳥社長とはじめてお会いしたのは、日本におけるチェーンストア理論の権威、故・渥美俊一先生（一四二頁参照）の八〇歳の誕生会でした。

似鳥　ニトリの東京本部を開設したのが二〇〇六（平成一八）年。私が、札幌からこちらに出てきた時にお会いしたんですね。もちろんそれまでも面識はないものの、そのお名前と辣腕《らつわん》ぶりは札幌にも届いておりましたよ。

二宮　恐縮いたします。私も、直接お会いする以前に、渥美先生から似鳥社長のことは伺っておりまして、先生の主宰するペガサスクラブ門下生の中でも、非常に優秀な生徒で、期待されている方だとおっしゃっていました。

似鳥　本当ですか？　渥美先生との思い出というと、とにかくいつも怒られてばかりでしたね。「もう顔も見たくない！」なんて怒鳴りつけられたことも何度もありまし

似鳥氏と対談中の著者

た。だから、決して優秀な生徒ではなかったのですが、いつも怒られながらも先生がやれと言ったことは素直にすべてやっていましたから、かわいがってもらえましたし、目もかけてくれていたんだと思います。

二宮　私が今でも鮮明に覚えているのは、その渥美先生の誕生会の席で、社長がスピーチをなさったのですが、それが本当に素晴らしかった。あぁ、先生が優秀な生徒だと言ったのは、こういうことなのか、とすぐに腑《ふ》に落ちました。

似鳥　労働運動家にスピーチがうまいと褒められるのは価値がありますね。でも、確かにあの時のスピーチはウケましたよね（笑）。

二宮　大ウケでした（笑）。社長のスピーチは、それ以来幾度となく拝聴していますが、そのたびに大いに笑い、そして、最後には感動させられてしまいます。労働運動家になっていたとしても、絶対に大成なさったことは私が保証します。

ところで、ニトリに労働組合ができたきっかけも、渥美先生のご指導があったからでしたね。

似鳥　そうです。これもまたひどく怒られた記憶があるんですが、実は、組合ができる一〇年ほど前から、労働組合を早く作りなさいと言われてはいたんです。チェーンストアは従業員数も多くなるから、労働条件などは組合にやってもらったほうがいいと。でも、その必要性は理解していましたが、なんとなく面倒で、珍しく先生の言いつけに背《そむ》いていたわけです。

　すると、ある時、過激な労働組合ができそうだという話が耳に入りまして、これは大変だと、すぐに渥美先生に相談すると、「ほれ見たことか！　グズグズしているからこういうことになるんだ」と、どやしつけられまして、すぐに来いと言うわけです。でも、どちらにいるのかと聞くと、ロサンゼルスだと……。じゃあ、帰国されたらすぐに伺いますと返すと、「馬鹿もん！　悠長なこと言ってないで今すぐロスに来い」と（笑）。

似鳥昭雄さん

二宮　先生は、事の重大さを理解していらっしゃったんですね。

似鳥　一刻を争う事態だということをね。それで、すぐにロスに飛んだのですが、そこから三日間、毎日先生に出された課題をホテルに缶詰でやらされました。四日目に先生がサンフランシスコへ移動なさると聞いて、これで解放される、と思ったのも束《つか》の間、お前も来い、まだ話は終わってないと（笑）。

二宮　さすが、渥美先生ですね。でも、そのおかげで、ゼンセン一本で労働組合を作ることができたわけですね。

似鳥　後に、よその経営者から「よく一本でいけたね」って驚かれましたが、渥美先生の人脈とゼンセンさんのお骨折りで、何とかおかしなことにならずにすみました。ただ、先生には組合ができてからも、しばらくは自業自得だとずいぶん怒られました。東京本部を作る際も、先生の指導で、まず真っ先にフロアの一番いい場所に組合本部を作れと言われ、入り口の近くに作りました（笑）。

ニトリ社員の誇りを持ってもらいたい

二宮　組合は札幌での結成で、私はもちろん担当者ではなかったのですが、当時は五〇〇名（社員二七〇名、パート一三〇名）程度の組合員でスタートしたと聞いています。現在は……。

似鳥　全組合員は、一万六〇〇〇名（社員三二〇〇名、パート一万二八〇〇名）くらいですから、三二倍ですね。今、しみじみと感じるのは、あの時組合ができてよかったということです。先生に言われたとおり、これだけ事業規模が大きくなり、従業員数も増えてくると、会社だけでは隅々まで目を行き届かせることは非常に難しい。やはり、組合に協力してもらったからこそ、従業員の不平不満や問題提起などの声を吸い上げることができ、この二〇年間で労働条件の改善はかなり進んだのだと自負しています。もちろん、サービス残業の問題などは、残念ながらまだゼロにはなっていませんし、改善するべきことはたくさんあると思っていますがね。

二宮　サービス残業というのは非常に根が深い問題です。なくすつもりのない一部の経営者は論外としても、似鳥社長のように本気でなくそうとさまざまな策を講じても、なかなかなくすことはできない。その原因は、突き詰めればやはり生産性の問題でしょうね。これとセットでやらないと、一方的にサービス残業はダメだ！　と通告するだけではやはりなくならない。

似鳥　おっしゃるとおりです。流通業界というのは、システムが遅れていますし、業界全体として生産性が低い。これは、業界全体で取り組まなければならない大きな課題なんです。実は、うちを退職した社員にその理由をアンケートすると、サービス残業という言葉が出てきます。心から申し訳ないなぁと思いますし、企業経営にとっても優秀な人材が流出してしまうという大きな痛手となるのです。現在、組合とも協力して、さまざまな策を講じていますが、早いうちにサービス残業は必ずなくしていきたいと思います。

二宮　ニトリは、生産性の高さでは、流通業界で群を抜く存在です。やはり、業界全体の生産性を引き上げるのは、御社によるところも大きいでしょうから、リーディングカンパニーとして期待しています。

リーディングカンパニーといえば、実は、春闘など団体交渉の時期には、常に先頭を切ってニトリに好条件を出していただいていまして、私たちゼンセンも、この場をお借りして感謝を申し上げます。

似鳥　毎回先頭を切るっていうのは、それなりにプレッシャーもあるんですよ。

二宮　恐れ入ります。ゼンセンとしても、ニトリからスタートしてもらうと、運動に弾みが付きますので……（笑）。それにしても、こんな時代に八年連続でベースアップしているというのはスゴイことですよね。

似鳥　これは、従業員の努力以外の何物でもないんです。デフレ不況の中でも、着実に成長してこられたのは、従業員が一丸となって生産性を向上させてきたからです。ですから、給与に関しても、絶対に同業他社には負けてはいけないし、現実にうちの従業員はそれだけ稼いでくれています。普通の企業ですと、一人あたり営業利益は実際は七〇〇万円未満であり、目標は一〇〇〇万円となりますが、うちは一六〇〇万円ですから、きちんと従業員に還元することができるわけです。

二宮　流通業で一六〇〇万円というのは本当にすごい。もっと組合も頑張れるんじゃないかな（笑）。

似鳥　正直、もっと出すことも可能でしょう。でも、経営者としては、日本一から世界一に向かっていく中で、先を見据えた投資も大きくなっていますので、ご理解いただきたいと（笑）。

二宮　でも、たしかニトリでは、決算賞与も毎年お出しになっているんですよね。

似鳥　組合との約束とは別に、目標を達成できた時のボーナス、決算賞与として給与一ヵ月分前後を出していますね。おそらく、ここ一〇年間で出せなかったのは一回だけです。

二宮 本来は、特別なものなのでしょうが、一〇年もやっていればそれが当たり前になっているでしょうし、家計でもそれをアテにしているでしょうから、出なかった時は大騒ぎだったんじゃないですか?

似鳥 そうなんですよ。その時は、奥さんから何で今回は出なかったんだと、ずいぶん怒られた社員も多かったようです。そのおかげで、その後はずっと出すことができていますよ。やっぱり、努力すれば努力しただけもらえるというのは、労働に対する大きなモチベーションになりますから。

二宮 好景気の時ならいざしらず、近年の流通業界でそうした決算賞与を出し続けている企業はほとんどないでしょう。そして、二七期連続増収増益ですか。従業員もさぞかし誇らしい気持ちでいるでしょうね。

似鳥 私はそれが大切だと思うんです。この会社に入ってよかった、努力して報《むく》われた、そして、誇らしいという気持ちを従業員が持つことが、組織としての大きな推進力になります。

また、事業には、世のため人のためになる仕事をするという志＝ロマンと夢＝ビジョンが大切です。振り返って見れば、何をやってもうまくいかないダメ人間だった若き日の私は、すがるような思いで渥美先生の門を叩きました。そして、はじめてアメリカに行き、その豊かな生活を見た時に、絶対に日本もこんな生活ができるようにしなければいけない、という志ができた。それまでは、自分の会社のことだけ見ていて、何とか儲けなきゃいけないと焦ってばかりいたのですが、はじめて、世のため人のためという志＝ロマンが生まれ、そして、同時に、大きな夢＝ビジョンを抱いたのです。

二宮　毎年何百名もアメリカ視察に連れて行くというお話を以前お聞きしましたが、今もそれは継続しているのですか？

似鳥　もちろんです。毎年八〇〇名程度になりますから、そんなに金をかけてどうするんだ、という批判もなくはないのですが、やはり、かつての私がそうであったように、今でもアメリカは、私たちに志＝ロマンと夢＝ビジョンを芽生《めば》えさせてくれる場所だと思っていますし、結局、企業が永続的に発展していけるかどうかというのは、どれだけ人を育てられるかですから、先を見据えて、教育ができていない企業は成長できないと思います。

今、うちの中心になって働いてくれている四〇歳過ぎの社員は、二〇年前に、二〇年計画で幹部育成を始め、教育に力を入れて育てた人間たちです。彼らが自己成長しながら、リーダーとなって会社も発展させてくれたことが、教育の大切さを証明してくれています。

デフレ不況が、円安が、今日のニトリを鍛え、腕前を上げさせてくれた

二宮　リーダーの育成は、私たち労働組合にとっても最重要課題だと考えています。もちろん、幹部育成の教育というものもやってはいますが、今の若い人は、賢いのですが小さくまとまってしまっていると言いますか、リスクを避けると言いますか、大きな改革を成し遂げてくれるようなリーダーをなかなか輩出できないでいます。

似鳥　私は、ずっと改革者であり続けることは不可能だと思っています。今年（二〇一四年）、私はニトリの社長を退《しりぞ》き、白井（俊之）新社長に経営をお願いすることにしたのも、そうした考えからです。改革者は、自分のやってきたことを否定するような動きに対してどうしても嫌悪感を持ちます。自分の身を守ろうとする、と言ってもいいでしょう。自分が現状を壊して改革を成し遂げたにもかかわらず、いつしか立場が逆転して新しい改革の芽を潰《つぶ》してしまう側になってしまう。

二宮　私自身も戒《いまし》めてはいますが、どうしても自分自身が歩んできた道、成功体験に囚われて、新しい価値観を受け入れがたくなる。これだけの大きな成果を挙げた経営者が、後進に道を譲る時というのは、どんなことを期待されるのですか？

似鳥　白井新社長に私がお願いしたことは、たった一つだけです。私と同じことはやるな。これだけを伝えました。現状のすべてを否定して考えて、要らないものは容赦なくぶっ壊して、新しい仕組み、良いシステム（良い慣習）を構築する。そして、また再構築する。その繰り返しをしろ。つまり、私は改革者になれとメッセージしたのです。

二宮　多くの企業は、社長交代の際に、前社長の意志を承継して……となりますが、それを許さなかったわけですね。

似鳥　そんな交代に意味はないですよ。少なくともニトリという会社は、これから世界一を目指していく会社ですから、この先何度も何度も改革が必要なのです。私が彼に目をつけたのは、リスクをとって前に進むことができる人間だったからです。

二宮　社長自らがリスクをとって、命がけで改革に取り組む。その姿をみれば、自然と部下も同じようにリスクをとることを厭《いと》わないということですね。

似鳥　先程の教育の話にも通じるのですが、人は嵐の中、逆境の時こそ成長できるのだと思います。もちろん、会社もそう。逆境の中でもまれて、苦労して、やっと腕前を上げることができる。企業としてレベルアップできるのです。

二宮　長い間続いたデフレ不況という嵐は、多くの企業の業績を悪化させましたが、ニトリがその中で、数少ない勝ち組となれたのは、その嵐を逆に力にしたということですか？

似鳥　私は、ニトリという会社の成長、従業員の成長を考えた時には、景気のいい世の中なんて来ないほうがいいと思っています。デフレ不況がどれだけこの会社を、人間を、したたかに強くしてくれたことか。不況に感謝したいくらいなんです。

二宮　昨今の円安も、ニトリにとっては相当な嵐ですが、それさえも成長の糧《かて》だと？

似鳥　今回の円安は大幅かつ急激に進みました。今まではせいぜい大きく動いても六〜七円だったものが、一三円も動いたわけですからね。うちの商品は、八五％が輸入ですから、おっしゃるとおり大嵐です。単純に、一円円安になると、一四億円の利益が飛んでしまいますから。合計一八二億円の為替差損でしたが、努力で吸収し、なおかつ利益を前年比プラスにできました。また、四月には消費税もアップしました。でも、かつてない円安の大嵐の中でも、ニトリは利益を上げ続け、成長できました。つまりは、会社も従業員も、このピンチを克服するために努力し、結果として大きく腕前を上げられたわけです。

二宮　ピンチをチャンスにとはよく言いますが、まさにそれを実践しているのがニトリなんですね。言い換えれば、常に危機感を持たせて、成長を促す、現状を打破させるということになろうかと思いますが、具体的に社員のマネジメントにおいて意識していることはどんなことですか？

似鳥　危機管理と言いましょうか、緊張感を常に持って働いてもらうために効果的なのは配置換えですね。うちは、同じ部署に長くいさせません。現場は三年ぐらいを目安に、本部も五〜六年いたら、一度現場に戻らせて一年ぐらい現場経験させて戻す、ということをやっています。かつての改革者が、いつしか保身に走るようになるという話をしましたが、そうならないためにも、長居させずに異動させてポストを空けてしまうことで、新しい改革者が出てきやすくしてあげるんです。そして、そこで競争も生まれる。

官僚でもそうでしょう、彼らは次官になるまで一七〜一八回配転になる。慣れてきたらすぐ出されて、また新しいところで一からやり直させられる。そうやって強制的に成長させられるわけです。

二宮　とても身につまされる話ですね。労働界では、たとえば、はじめから本部に入ってきた人間などは、その環境がすべてになってしまって現場を全く知らないのです。労働者一人ひとりのために、と言ったって、現場に出て一組合員と交わったことのない人間が、本当にそれを実感できるはずもありません。ですから、意識して現場に出すようにするわけですが、全然足りていないのが現状です。遅ればせながらではありますが、今はうちでも、人事の面でも大きく配置転換をして、揺さぶりをかけてはいるのですが。

似鳥　揺さぶるくらいじゃダメですよ。爆弾です爆弾（笑）。ドンドン落として、ガンガン危機感を煽《あお》っていくくらいじゃないと。うちは、中途採用の割合が比較的多いのですが、実はそれもある種の爆弾なんです。馴れ合いになっている職場に、外からの血を入れると途端に緊張感が生まれ、競争が活発化します。

そして、それは現場だけではなくて、今、役員会でも同じことをやっていて、昨年から元警察庁長官の安藤隆春さんと前公正取引委員会委員長の竹島一彦さんを社外役員にしました。

二宮　その時は、ずいぶん大胆な人事だとして話題になりましたね。まさに爆弾そのものですね。

似鳥　彼ら二人は、毎回厳しい質問を幾つも役員に投げかけて、納得するまで許してくれませんから、役員会のピリピリ感は相当なものです。おかげで時間も以前の倍以上に伸びちゃってますけど（笑）。

私は、昔から社員に言い続けていることがあります。それは、ロマン、ビジョン、意欲、執念、好奇心の五つを持てと。「成功の五原則」として、それを持ったものだけが自己成長できるし、成功者になれるということです。

二宮 いい言葉ですね。ぬるま湯的な組織では成長できないし、そこから改革者、真のリーダーは生まれてこない。わかっているつもりで、私も事あるごとに揺さぶってきたつもりですが、それじゃ足りない、爆弾じゃなきゃダメだと（笑）。そして、「成功の五原則」ですね。やはり、似鳥社長のお話をお聞きすると自然に勇気が出てきて、自分もやろう！　という気になるから不思議ですね。すっかりだまされちゃう、いや、乗せられちゃうか（笑）。

私は、今までいろんな組合関係のイベントで、社長にスピーチをお願いしてきましたが、そのほとんどを断らずに快諾していただきました。一度だけ断られたのは、菅内閣の末期、次期首相に野田（佳彦）さんを担ぎ出すための動きをしていたとき、それに一枚かんでいただこうとの思いで声をかけたんですが、見事に断られました。お受けいただいておれば、もう少し民主党も頑張れたのではないかと悔やんでいます（笑）。

話はそれましたが、私がいつも似鳥社長にスピーチをお願いする理由は、例外なく聴衆を魅了するスピーチをなさるからです。もちろん、実績あるカリスマ経営者のお話ですから、それだけで注目度は高いのですが、考えてみれば、スピーチにもまさに「成功の五原則」の要素が入っていて、聞く者に勇気と感動を与えてくれるんですね。

似鳥　いやいや、まだまだです。なんか最近では、口から先に生まれてきたんだろうとか言われるけど、若い時にはまともな接客ができないほど口下手で、心から俺は商売に向いていないなって落ち込んでいたくらいですからね。「成功の五原則」で人は変われるんです。

寡占化が進む流通業界、今こそ労働者を守る労働組合の出番

二宮　さて、そろそろ最後になりますが、労働組合の未来に一言エールをいただければと思います。

似鳥　実は、私は労使関係で大きな失敗を経験しています。はじめてのアメリカから帰って、経営者として志と夢を持って新たなスタートを切ったわけですが、あまりにその意欲が強すぎて、張り切りすぎて一期生の従業員はみんな辞めてしまった。自分としては、がむしゃらに夢を追いかけていたつもりですが、気がつけば「過重労働低

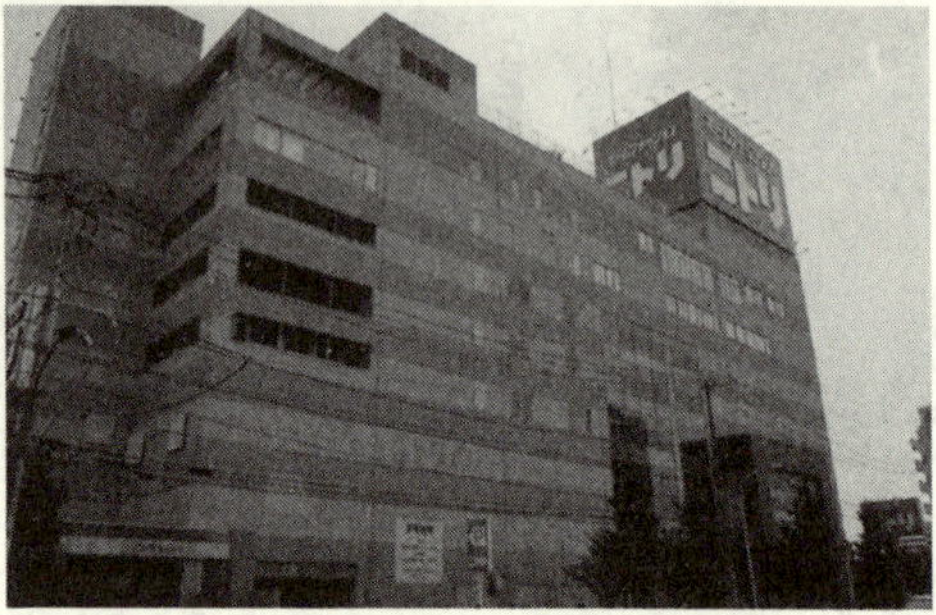

株式会社ニトリ東京本部（赤羽店）

賃金」を絵に描いたような会社でした。彼らには本当にすまないことをしたと思っていますが、この苦い経験があったからこそ、ちょっと回り道はしましたが、労働組合のパートナーとしての大切さを他の経営者以上に知っているつもりです。

もうすでに始まっていますが、これから、労働力が不足することは確かです。生産性の低い業種や会社は、特に厳しくなるでしょう。また、これから流通業は、アメリカと同様に寡占化《かせんか》が確実に進んでいきます。勝者はどこまでも大きくなり、飛び抜けた存在になります。その陰で、倒産、廃業、吸収合併などで、労働者を取り巻く環境も激変する。労働者を守る労働組合は、今こそその意義を問われることになるでしょう。

もちろん、正規と非正規の格差も今以上に広がる可能性がある。私は、先ほどから再三申し上げているように、基本的には社内に常に競争がなければならないと考えていますし、その結果、給与においても差が生まれるのが自然だと思います。その点では、労働組合とスタンスは違うかもしれませんが……。

二宮　いやスタンスが違うということはありませんよ。労働組合も成果主義そのものを否定しているわけではなくて、問題なのは、現在の最低賃金のように、下のラインがあまりにも低すぎて、普通に生活ができないような格差が生まれることは認められないということです。

似鳥　経験則として、人手不足になれば必ず賃金は上がっていきますので、それも見越して優秀な人材を確保するためにも、給与・賞与を他社よりも先駆けて上げていきます。こうして労働環境が大きく変わっていく時だからこそ、労働組合の出番じゃないですか？　おそらく、うちの組合も来年は相当頑張ってくるでしょうし（笑）。

二宮　例年どおり、トップバッターの重責を果たしていただけるようにお願いします。本日はありがとうございました。

似鳥　こちらこそ、ありがとうございます。バンバン爆弾を落としてくださいよ、期待しています！

あとがき

本書を出版するにあたって、二〇一二（平成二四）年に刊行した『二宮誠オーラル・ヒストリー』について述べておかなければなりません。私がこの運動に身をおいた駆け出しの頃、大変お世話になった先輩に、山田精吾ゼンセン同盟本部書記長（後の連合初代事務局長。故人）、佐藤文男組織局長・和田正組織担当常任執行委員（後の連合東京会長）といった方々がおられました。『オーラル・ヒストリー』の出版は、その佐藤先輩、和田先輩からの申し送りであり、その意図するところをお聞きし、お受けすることにしました。

ただ、「この運動は墓場に持っていくものが多い、特に組織拡大に関わるもののほとんどは墓場に持っていくものだ」と教えられてきた私は、正直迷いました。しかし、この二人の先輩から「語り継ぐこともまた大切だ」と背中を押されたのです。

労働運動は、一九七三（昭和四八）年のオイルショック前後に、この運動に身を置いた者と、それ以降（一九七五年以降）にこの運動に身を置いた者とでは、経験に大きな差があるように思います。表現は難しいのですが、急激な高度成長の中での労働運動と、オイルショックによる急激な経済の冷え込み、そして、繊維不況・企業倒産の多発、経営者の夜逃げ、裏社会の人間との渡り合い等々、そういう経験があるかどうかで、「労働運動に対する腹の据え方」が違うという気がしてならないのです。そういう意味で本書を読まれた方が「口耳《こうじ》の学」としないことを念じます。

もう一つはストライキについてです。第一次オイルショックから第二次オイルショックの頃(一九七九年〜八〇年)まではゼンセン同盟でも賃上げ闘争時に頻繁にストライキが決行されました。

私自身が指導したストライキだけでも五〇組合。のべ八〇回程度は記憶に残っています。しかしその後、ストライキ決行数はがくんと落ち、この三〇年で十数組合程度しか行っていません。ということは、ストライキの指導の経験者がいなくなっているということでもあります。果たしてそれでいいのか。いつの世でも労働組合の伝家の宝刀はやはりストライキです。本書では、そうした思いでストライキについてもいくつかの実体験を書かせていただきました。

それから、なぜこの道四十数年ほどの経験で、そのように過去の経験が語れるのか、と嘲笑される方もおられるかも知れません。あえて変な自慢話をさせていただきますが、私は若い頃、平気で一升酒を呑んでいましたが、酒に呑まれたことはほとんどありませんでした。そういうこともあってか、よく先輩に酒席（ＯＢやベテランの運動家が本部に来られると、当時の中央オルグが接待することが多く、かばん持ち的役割をその都度させていただいた）に呼ばれていました。そういう中で過去のいろんな争議の経験や逸話を聞かせていただく機会が数多くあったのです。

また、酒に呑まれた先輩を自宅やホテルまで送っていくことも頻繁にありました。それに先輩の自宅によく泊めていただいたことも。そこで山田精吾さん、佐藤文男さん、和田正さん、横手文雄さん等々の諸先輩から武勇伝をたくさん聞かせていただきました。それが、私にとって素晴らしい宝となっています。

それでは、私自身が後輩をどう育ててきたかとなると甚だ心もとない。ゼンセン同盟入局以来地方で一六年、本部組織局で一八年、東京で八年、この間、私自身のセクションから数多くの後輩が巣立って行きました。しかし、「あれで良かったのか」といまだに自分の未熟さに恥じること頻《しき》りです。

組織化（組合作り）については、それぞれの時点で課題を掲げながら取り組んできました。組織化することと、その産業や業種の課題を解決していくこと、それが両輪の如《ごと》く進んでいくことが理想です。組織拡大の成果については、それなりに果たしてきたという自負がありますが、後者については及ばなかった部分が数多く残されていると思います。また組織拡大の流れをさらに深く理解していただこうとすると、一つひとつの組合結成に至るまで、それにかかわった人の複雑な人間模様や数々のドラマについてもっと詳細に述べるべきですが、紙面の関係で深掘りができず、あらすじめいた話が多くあることをご容赦ください。

この頃、若い時に先輩から「社会運動は駅伝のごとし」と言われたことがよく脳裏をかすめます。そして、「後進にバトンを渡さねば」と思うのです。

本書では立場に違いはありますが、平富郎さん（株式会社エコス代表取締役会長）、佐藤洋治さん（株式会社ダイナムホールディングス取締役会議長）、似鳥昭雄さん（株式会社ニトリホールディングス代表取締役会長）のお三方に対談の場でご登場いただきました。私自身が最も刺激を受け、尊敬する友です。彼らの言葉には、今日の労働運動に対しても多くのヒントがあると思います。参考にしていただければ幸いです。

労働運動の現役を離れるに際して、本書が労働運動に身を置く人々、そして、これから労働運動（組合活動）や社会運動を目指す人々にとって、多少でも役立てば幸いです。

二〇一四年一一月

二宮　誠

文庫版のためのあとがき

本書の元となる『労働組合のレシピ』が刊行されたのが二〇一四（平成二六）年一〇月。「はじめに」でも少し触れたように、私の立場が「UAゼンセン東京都支部長」から「連合中央アドバイザー」に変わって、二年余りが経ったことになります。

その間、連合主催のオルガナイザー研修会やアドバイザー研修会が各地で開催され、未組織労働者の組織化（組合作り）について、私の経験を元にお話しさせていただいてきました。労働組合は決して自然発生的にできるものではありません。そこにはやはり「労働組合作りを指導するプロのオルガナイザー」の存在が必須であります。

そうした研修会を続ける中で気付いたことがあります。地方連合や産業別労組の専従役職員は、組織化に対してやる気は充分にあるし、やらなければならないという危機感も感じているけれど、残念ながら組織化の経験のある人がごく少数になってきているということです。

労働組合の組織率が年々低下しているのもそういう事情からだと思います。組織化というのは実際に自分で経験し、その成功体験がないと難しい面があります。さらに付け加えると、オルガナイザーには当事者から信頼される人間力が求められます。ただ、それは経験を積むことによってのみ得られるものでもあります。

たとえば一〇〇人規模の組合未組織企業で時間外労働や割増賃金の問題があり、それらを解決するために労組を作りたいという人が数名いるとします。その相談を受けたオルガナイザーがどのような対応をするか。経験があまりない人は、教科書（法律）どおり「労働組合は二人でもできますから、早々に労働組合を結成して会社に要求書を出して交渉しましょう」というような対応をしてしまうケースがよくあります。しかし、それでは少数組合になって、会社にも相手にされません。

労働組合結成の目的の一つは集団的労使関係を構築することです。その上で組合員の会社に対する要求事項を集約し、優先順位を決め要求書にして会社に申し入れるものです。もちろん、組織化、それも大多数に加入していただくというのは簡単なことではありません。四〇年以上、組織化に携わってきて、一部の人からは『オルグの鬼』などと呼ばれているようですが、私も若いころは随分いろんな壁に突き当たりました。その中でもほぼ組織化専業で関わったのは一七年余りであります（ゼンセンの本部組織局時代）。その間だけでも百二十数社の未組織企業の組織化に携わらせていただきました。今でも当時の個々の人間模様や人間関係の機微などが浮かんできます。本書ではその際の成功体験だけでなく、苦労話もあえてご紹介しました。

労働運動に携わる者たちは今、労働運動がこのままでいいのか、という根本的な部分を考えなければならないでしょう。労働運動がいつから始まったのかについては諸説ありますが、私は一九一二（大正元）年にできた労働者団体「友愛会」が出発点だと考えています。「友愛会」は、労働運動とは格差・差別・貧困との闘いであるという基本理念を持って出発しています。

では今日、格差・差別・貧困というのはどこにあるのでしょうか。大手企業の正社員にでしょうか。そうではないでしょう。従業員一〇〇〇人以上の大手企業では、現在（二〇一六年調査）も労組の組織率が四四％を超えています（その大手企業にも最近ではパワハラや過労死問題などで連日マスコミを賑わせているような会社もありますが……）。

本当に苦しんでいるのは、大手企業の下請け会社で働く人々や、非正規雇用の人々です。にもかかわらず、そういう企業（中小企業）で働く人の組織率は三％未満であります。ここに目を向けなければ本来の意味での労働運動と言えないのでは、と思います。

苦しんでいる労働者が相談をしてきた時に、「県の労働局に行って、その窮状を訴えるべきです」とか「すぐに労働基準監督署に行ってください」などとアドバイスするのは簡単です。ですが、職場で問題が起きている時というのは、相談者だけではなく、他にも同じ問題で苦しんでいる職場の仲間たちがたくさんいるものです。そして、その相談者が労働団体に相談に来るというのは、ある意味最後の頼みの綱としてという場合が圧倒的に多いのです。

それなのに、公的機関の窓口を案内したり、相談者一個人の問題として対応したりするだけでいいのでしょうか。

「労働組合を作り、二度とこのような問題が起きないようにしましょう」と手を差しのべるべきだというのが私の考えです。苦しんでいる人、悩んでいる人々に寄り添う気持ちから、オルグは始まるのです。

一人ひとりでは会社に対抗できないかもしれないけれど、同じ問題を抱えている労働者がまとまれば、会社側も簡単には無視できなくなる。そうやって問題を解決していくのが労働組合の存在意義だと思います。

働く人たちの間で格差がどんどん広がっている今こそ、労働組合が必要とされるはずです。自戒を込めて申し上げますが、そうなっていないのは、労働運動というものが本来の魅力、役割を見失ってしまっているからでしょう。

「鬼」の目にも涙、ではありませんが、労働組合もない状況で声も上げられない労働者たちのために寄り添い、涙し、ともに立ち上がるような気持ちが、労働運動を行う側に求められています。

労働運動に取り組んでいる皆さんはもちろん、組合なんていらないと思っている労働者の皆さんにとっても、本書が「真の労働運動」「真の労働組合」ついて考える一助になれば、筆者として望外の喜びです。

二〇一七年二月

二宮　誠

本書は二〇一四年一〇月に刊行された『労働組合のレシピ　ちょっとしたコツがあるんです』（メディア・ミル刊）を加筆・修正しました。登場人物の肩書・役職などは執筆当時のものです。

二宮 誠−1949年、大分県生まれ。72年、拓殖大学卒業、全国繊維産業労働組合同盟（現、UAゼンセン）に入局。福井県支部常任、鹿児島県支部支部長などを経て、88年に組織局全国オルグに。96年にはゼンセン同盟常任中央執行委員（組織担当）とともに、連合本部組織拡大小委員会委員長に就任。その後、UIゼンセン組織局長・副書記長、UAゼンセン東京都支部長、東京都労働委員会委員などを歴任。現在は連合中央アドバイザーを務める。
著書に『二宮誠オーラル・ヒストリー』がある。

講談社+α文庫 「オルグ」の鬼《おに》
――労働組合は誰のためのものか
二宮《にのみや》 誠《まこと》

2017年 3 月16日第 1 刷発行
2017年 4 月 7 日第 2 刷発行

発行者――――鈴木 哲
発行所――――株式会社 講談社
東京都文京区音羽2-12-21 〒112-8001
電話 編集(03)5395-3522
販売(03)5395-4415
業務(03)5395-3615
デザイン――――鈴木成一デザイン室
カバー印刷――――凸版印刷株式会社
印刷――――慶昌堂印刷株式会社
製本――――株式会社国宝社

落丁本·乱丁本は購入書店名を明記のうえ、小社業務あてにお送りください。
送料は小社負担にてお取り替えします。
なお、この本の内容についてのお問い合わせは
第一事業局企画部「＋α文庫」あてにお願いいたします。
Printed in Japan ISBN978-4-06-281715-8
定価はカバーに表示してあります。

講談社+α文庫 Ⓖビジネス・ノンフィクション

打撃の神髄 榎本喜八伝	松井浩	イチローよりも早く1000本安打を達成した、神の域を見た伝説の強打者、その魂の記録。	820円 G 276-1
電通マン36人に教わった36通りの「鬼」気くばり	ホイチョイ・プロダクションズ	博報堂はなぜ電通を超えられないのか。努力しないで気くばりだけで成功する方法	460円 G 277-1
映画の奈落 完結編 北陸代理戦争事件	伊藤彰彦	公開直後、主人公のモデルとなった組長が殺害された映画をめぐる迫真のドキュメント！	900円 G 278-1
誘拐監禁 奪われた18年間	ジェイシー・デュガード 古屋美登里 訳	11歳で誘拐され、18年にわたる監禁生活から救出された女性の全米を涙に包んだ感動の手記！	900円 G 279-1
真説 毛沢東 上 誰も知らなかった実像	ユン・チアン ジョン・ハリデイ 土屋京子 訳	建国の英雄か、恐怖の独裁者か。『ワイルド・スワン』著者が暴く20世紀中国の真実！	1000円 G 280-1
真説 毛沢東 下 誰も知らなかった実像	ユン・チアン ジョン・ハリデイ 土屋京子 訳	『ワイルド・スワン』著者による歴史巨編、閉幕！〝建国の父〟が追い求めた超大国の夢は――	1000円 G 280-2
ドキュメント パナソニック人事抗争史	岩瀬達哉	なんであいつが役員に？ 名門・松下電器の凋落は人事抗争にあった！ 驚愕の裏面史	630円 G 281-1
メディアの怪人 徳間康快	佐高信	ヤクザで儲け、宮崎アニメを生み出した。夢の大プロデューサー、徳間康快の生き様！	720円 G 282-1
靖国と千鳥ケ淵 A級戦犯合祀の黒幕にされた男	伊藤智永	「靖国A級戦犯合祀の黒幕」とマスコミに叩かれた男の知られざる真の姿が明かされる！	1000円 G 283-1
君は山口高志を見たか 伝説の剛速球投手	鎮勝也	阪急ブレーブスの黄金時代を支えた天才剛速球投手の栄光、悲哀のノンフィクション	780円 G 284-1

＊印は書き下ろし・オリジナル作品

表示価格はすべて本体価格（税別）です。本体価格は変更することがあります

講談社+α文庫 Ⓖビジネス・ノンフィクション